教科教育学 シリーズ

社会科教育

橋本美保 ＋ 田中智志

大澤克美

刊行に寄せて

　教職課程の授業で用いられる教科書については、さまざま出版されていますが、教科教育にかんする教科書についていえば、単発的なものが多く、ひとまとまりのシリーズとして編まれたものはないように思います。教育実践にかんする一定の見識を共有しつつ、ゆるやかながらも、一定の方針のもとにまとまっている教科教育の教科書は、受講生にとっても、また授業を担当する教員にとっても、必要不可欠であると考えます。

　そこで、「新・教職課程シリーズ」の教職教養（全10巻）に続き、教科教育についても新たに教職課程用の教科書シリーズを刊行することにしました。この新しいシリーズは、教科ごとの特色を出しながらも、一定のまとまりがあり、さらに最新の成果・知見が盛り込まれた、今後の教科教育を先導する先進的で意義深い内容になっていると自負しています。

　本シリーズの方針の1つは、以下のような編集上の方針です。

　　○教育職員免許法に定められた各「教科教育法」の授業で使用される
　　　内容であり、基本的に基礎基本編と応用活用編に分けること。
　　○初等と中等の両方（小学校にない科目を除く）の指導法を含めること。
　　○教科の指導法だけではなく、各教科に密接にかかわる諸科学の最新
　　　の成果・知見を盛り込んだ、最先端の内容構成であること。
　　○本書を教科書として使用する受講生が、各自、自分なりの興味関心
　　　をもって読み進められるような、工夫を行うこと。
　　○原則として、全15回という授業回数に合わせた章構成とすること。

　本シリーズのもう1つの方針は、教育学的な観点を有することです。教科教育の基本は学力形成ですが、どのような教科教育も、それが教育である限りその根幹にあるのは人間形成です。したがって、学力形成は人間形

成と切り離されるべきではなく、学力形成と人間形成はともに支えあっています。なるほど、科学的な能力と道徳的な力とは区別されるべきですが、科学的な能力と心情的な力とは本来、結びついているのです。人間形成は、道徳的な能力の育成に収斂することではなく、心情的な力、すなわち人として世界（自然・社会・他者）と健やかにかかわる力を身につけることです。たとえば、算数を学ぶこと、国語を学ぶことは、たんに初歩的な数学、初歩的な国語学・文学の知見を、自分の願望・欲望・意図を達成する手段として身につけることではなく、世界全体と人間が健やかにかかわりあうための知見として身につけることです。たとえていえば、健やかな人間形成は家の土台であり、学力形成は建物です。土台が脆弱だったり破損していては、どんなに素敵な建物も歪んだり危険であったりします。

人間形成の核心である世界との健やかなかかわりは、私たちがこの世界から少しばかり離れることで、ほのかながら見えてきます。古代の人は、それを「絶対性」と呼んできました。絶対性は、ラテン語でabsolutus（アブソリュートゥス）、原義は「（この世俗世界）から離れる」です。あえて道徳的に考えなくても、世事の思惑や意図から自由になって自然や生命、人や文化に向き合うとき、私たちの前には、本当に大切なこと、すなわち人が世界とともに生きるという健やかなかかわりが見えてきます。

本書の編集は、社会科教育の領域で活躍されている大澤克美先生にお願いいたしました。教職を志すみなさんが、本書を通じて、真に人間性豊かな、よりよい教育実践の学知的な礎を築かれることを心から願っています。

監修者　橋本美保／田中智志

まえがき

　本書は、初等社会科及び中等社会科の教育法など、大学における小学校教員及び中学校社会科教員の養成に関わる授業での活用を想定し、編纂したものである。そのため教師を目指す人たちに向けて、小学校と中学校の実践事例も取り上げながら、社会科授業づくりの基礎・基本をわかりやすく解説したものとなっている。

　ただ、同時に本書は、これからの社会科教育を考えていく上で重要な社会そのものに対する見方・考え方、あるいは子どもの主体性を引き出す授業改善の方向性と具体的な取り組み方、主要な課題となっている評価の充実などについて、多角的かつ実践的に論述したものでもある。その意味では、現職の教師、特に社会科の学習指導に不安を抱いている若い教師の方たちにも、是非一読してほしいと願っている。

　社会科は子どもの発達に即して、教材となった社会的事象に対する調査・考察・議論等を積み重ねながら合理的な社会認識を形成し、よりよい市民社会つくるために必要な公民的資質の育成を目指す教科である。そうした社会科を理解し、授業に対する自己の考え方を深める、言い換えれば自らの社会科授業論を育むためには、大きく分けて3つの視点からアプローチする必要があろう。

　1つは、社会科が学習対象とする社会そのものの理解をする視点、もう1つは現代社会を生きている子ども、すなわち学習者の現実を理解する視点である。残る1つは、社会科教育の目標・内容・方法を吟味しつつ、上記の2つの視点を随時重ね合わせ、主体的に授業やカリキュラムを構想し、評価する視点である。

　本書はそうした理解に立ち、第1部で社会科教育との接点から現代社会を概観しつつ、授業を構想するために必要な子どもの生きる社会的環境と、

そこに生じている教育課題への理解を図ることにした。それは、社会科教育として校種を問わない基礎的・基本的視野を提示することで、学習指導要領を踏まえつつも教科書をなぞる授業に陥ることなく、子どもの今と将来に役立つ授業を実現して欲しいからである。

　第２部と第３部は、若手の教師が日々悩み、苦闘しながら取り組んできた授業実践を中心に構成した。それらの批判的な考察を通して、正解というものがない授業づくりの本質に対する理解を深めてもらうことを期待している。小学校実践と中学校実践の双方に目を通してもらえれば、子どもの発達に即した社会科授業のありようと、知識の暗記を克服する授業の糸口がつかめるのではないだろうか。

　グローバル化・情報化・少子高齢化などにより、急速に変化する社会とそこで生きる子どもに向き合う社会科にも、変化に即した改善が常に求められている。ただ社会科教育が、時に対立する個々の福利を乗り越え社会の発展に貢献しようとするなら、変わりゆく状況の中で何が大切なのかを、いつも問い続ける教師の姿勢が不可欠となる。

　社会がどうなることがよいのか、そのために自分はどうすることがよいのかを、主体的・協働的に追究する学習は、例えば人権と公共性、道徳（価値観）と科学（合理性）に関わる葛藤を避けることはできない。本書が、社会科学習が内包するそうした多様な問題を意識し、子どもたちと共に考えようとする教師の出発点となれば誠に幸いである。

　　　　　　　　　　　　　　　　　　　　　編著者　大澤克美

刊行に寄せて　*2*

まえがき　*4*

序章　記憶させる授業から子どもが主体的に学ぶ授業へ　*11*
第1節　社会科教育と学習指導要領　*12*
第2節　授業構想力と授業づくりの課題　*16*

第1部
社会科教育における現代的課題

第1章　現代社会と社会科教育　*22*
第1節　社会科の目標は公民的資質の育成　*23*
第2節　現代社会と社会科　*24*
第3節　現代社会を見据えた学力　*27*

第2章　社会科教育の理論と実践　*32*
第1節　社会科の成立から現在まで　*33*
第2節　社会科教育における理論と実践　*37*
第3節　社会科の実践上の課題　*41*

第3章　教育課題と社会科教育Ⅰ　43

　　第1節　グローバル化と「市民」　44
　　第2節　リスク社会と社会科教育　47
　　第3節　持続可能な社会に向けて　51

第4章　教育課題と社会科教育Ⅱ　55

　　第1節　高度情報化と社会科教育　56
　　第2節　格差社会と社会科　58
　　第3節　ジェンダーと社会科　61
　　第4節　特別支援教育と社会科　63

第2部
小学校社会科の授業づくりと評価

第5章　社会科の目標と内容　70

　　第1節　教科課程の全体構造　71
　　第2節　各学年の目標と内容　75

第6章　学習指導案の作成　83

　　第1節　学習指導案の目的と機能　83
　　第2節　単元の目標設定と子どもの理解　85
　　第3節　教材研究と活動研究　87
　　第4節　単元の学習過程と評価の計画　90
　　第5節　本時案の作成　93

Contents

第7章 3年生の実践事例「わたしたちのくらしと販売の仕事」 97

- 第1節 単元の概要 98
- 第2節 単元計画作成のポイント 100
- 第3節 単元指導計画の目標と内容 101
- 第4節 学習指導のポイントと授業の山場 103

第8章 5年生の実践事例「この魚が私たちのもとに届くまで」 110

- 第1節 単元の概要 110
- 第2節 単元計画作成のポイント 112
- 第3節 単元計画と実際の学びの姿、指導のポイント 115
- 第4節 授業の山場をめぐって 120

第9章 6年生の実践事例「長く続いた戦争と人々の暮らし」 124

- 第1節 単元の概要 125
- 第2節 単元計画作成のポイント 127
- 第3節 単元の指導計画(全9時間) 131
- 第4節 学習指導のポイントと授業の山場 132

第10章 学習指導と評価の充実 137

- 第1節 評価の機能と意義 138
- 第2節 観点別学習状況の評価 142
- 第3節 評価の改善を図る取り組み 148

第3部

中学校社会科の授業づくりと評価

第11章 社会科の目標と内容　154

第1節　社会科カリキュラムの全体構造　155
第2節　教科及び各分野の目標　156
第3節　各分野の内容　160
第4節　指導計画の作成と学習指導の留意点　166

 米国の社会科　171

第12章 学習指導案の作成　172

第1節　学習指導案の目的と機能　173
第2節　教材研究　174
第3節　単元の目標設定、学習過程、評価計画と子どもの理解　176
第4節　本時案の作成　177
第5節　中学校社会科（地理的分野）学習指導案の例　179

 グループ学習のすすめ　184

第13章 地理的分野の実践事例「東北地方」　185

第1節　単元の概要　186
第2節　単元計画作成のポイント　187
第3節　単元計画の指導　189
第4節　学習指導のポイント「地域調査と教材開発」　190
第5節　授業の山場――水産業「花見かき」の授業実践　192

Contents

第14章 歴史的分野の実践事例「近世社会の成立」　198

第1節　単元の概要　199
第2節　単元の学習展開　200
第3節　生徒の学びと評価問題の作成　204

第15章 公民的分野の実践事例「区長になろう」　210

第1節　地方自治学習で何を学ばせたいか　211
第2節　単元指導計画　213
第3節　授業の山場　217
第4節　学習指導と評価の充実　219

第16章 学習指導と評価の充実　222

第1節　評価の機能と意義　222
第2節　評価の方法とその変遷　224
第3節　PISA調査と社会科教育　226
第4節　テストの問い直しと活用　229
第5節　評価への日常的な取り組みと学習指導の改善　231

終章　基礎的知識を生きて働く知恵に転換する授業研究　235

第1節　社会科授業の改善を進める授業研究　236
第2節　研究授業を活用した授業研究　239

序　章

記憶させる授業から
子どもが主体的に学ぶ授業へ

はじめに

　社会科と聞くと、知識を覚える教科というイメージをもつ人も多いのではないだろうか。入試対策を優先した学校教育等の過程で、そうした意識を植え付けてしまう授業が少なくないことも事実であろう。しかし、社会科は本来子どもの生活や経験を大切にしながら、調べて考える活動を展開し、自分たちの社会について理解することを目指す教科である。そして、その理解に基づき地域住民・市民・国民としてのあり方を仲間と考え、誰もが住みよい社会づくりに貢献する教科でなければならない。
　社会を理解するためにも、自己のあり方を考えるためにも知識や技能は大切であるが、それらをひたすら覚え習得する学習ではなく、目的をもって意欲的に獲得し、吟味しながら使いこなすことで新たな視野を切り拓いていく社会科学習にしていくことが大切である。互いに人権を尊重し、合理的に判断して他者と共によりよく生きようとする態度を育成するためにも、子どもの主体性が発揮される学習が不可欠となる。

そうした学習を実現するには、わかりやすく説明し教える授業にとどまらず、子どもたちが意欲的に課題を調べて話し合い、わかったことや考えたことを表現・発信していく授業にすることが必要である。本書は、教師を目指す人たちにそのような授業づくりの意義と方法を理解していただき、充実した社会科授業が実現されることを願って編纂したものである。

その構成は、現代社会や社会科の諸理論、教育課題について解説した第1部と、小学校と中学校の実践編にあたる第2部、第3部に分かれており、校種に応じ組み合わせて活用することを想定している。ただ、両方の実践編に目を通すことがきれば、社会科という教科の特質と子どもの発達への理解がより深まるものと思われる。また、実践編で授業づくりの実際をリアルに感じたいなら、社会科教科書やその指導書なども参照し、該当部分を比較しながら検討することをお勧めしたい。

第1節　社会科教育と学習指導要領

1. 社会科の学習指導要領と今求められる授業像

これまでの経験からもわかるように、社会科は小学校3年から始まり、中学校では地理的分野・歴史的分野・公民的分野に別れ、高等学校の地理歴史科・公民科へとつながっていく。小学校と中学校の教育課程を編成する教科としての「社会」[学校教育法施行規則]については、小・中それぞれの学習指導要領に目標及び指導内容等の基準が示されている。すなわち、日本の小・中学校の社会科授業は、「社会」の学習指導要領を基準にして行われることになっており、教科書もそれに準拠した検定で合格したものの中から地域ごとに採択し、子どもたちに配布されている。

小学校と中学校の学習指導要領は、1947（昭和22）年に最初の「学習指導要領社会科編（試案）」が出されて以降、社会の変化に対応することを目的としてこれまでに8回の改訂がなされてきた。社会科創生期の学習指

導要領は、先の「試案」という言葉が示すように、全国の学校で慣れない社会科の授業づくりに取り組む教師たちの手引きとして示されたものであったが、1958年の第3次改訂からは教育課程の基準としての法的拘束性を強め、現在に至っている。

　第8次改訂による現行学習指導要領は、教育基本法及び学校教育法の改正を踏まえた中央教育審議会の答申を受けて、2008（平成20）年に告示されたものである。中教審答申では学習指導要領の改訂にあたり、①改正教育基本法等を踏まえた学習指導要領の改訂、②「生きる力」という理念の共有、③基礎的・基本的な知識・技能の習得、④思考力・判断力・表現力等の育成など、7つの基本的な考え方が示されている。

　小・中学校の社会科、高等学校の地歴科・公民科は上記の答申を受けて、以下のような事項（筆者要約）を改善の基本方針としている。

　　○社会的事象に関心をもって多面的・多角的に考察し、公正に判断する能力と態度を養い、社会的な見方や考え方を成長させる
　　○基礎的・基本的な知識、概念や技能を確実に習得させ、それらを活用する力や課題を探究する力を育成する（習得すべき知識の明確化、資料からの情報読み取り、社会的事象の意味解釈、自分の考えの論述等の重視）
　　○国土や歴史に対する愛情をはぐくみ、日本人としての自覚もって国際社会で主体的に生きるとともに、公共的な事柄に自ら参画していく資質や能力を育成する

　さらに小学校では「考えたことを自分の言葉でまとめ伝え合うことで互いの考えを深めていく学習の充実」、中学校では「社会的事象の意味・意義の解釈、事象の特色や事象間の関連の説明を通して社会的な見方・考え方を養う」ことなどが改善の具体的事項に挙げられている。

　上記で示されたことすべてにこたえる社会科授業をつくるのは、これから授業づくりを学び始める身にとって容易なことではない。ただ、自分は

どのような社会科学習を目指すのか、社会科授業をする上で自分は何を大切にしたいのかという視点から自己のこだわりや課題を考えてみることは可能であろう。実際に授業をするようになると、一見ばらばらとも思える事項が、日々の授業づくりに取り組む過程で実は関連し、つながっていることに気づくことも多いはずである。研究的な授業づくりの糸口を明確化する意味で、自己の課題を意識することは決して無駄ではない。課題を見出すためには、学習指導要領そのものより、改訂の趣旨や指導の意図などが記載された『学習指導要領解説 社会編』を上手く活用すべきである。

2. 社会科授業を構想するために必要な基礎的理解

「1.」の冒頭の記述からすると、社会科の学習と指導はすべて学習指導要領によって規定されているかのような印象をもたれるかもしれないが、決してそうではない。授業は各学校、各学級の子どもたちの実態に即して計画・実施されねばならないからである。実際、小学校学習指導要領の「指導計画の作成と内容の取扱い」には、「地域の実態を生かし、児童が興味・関心をもって学習に取り組めるようにする」と示されている。また、中学校の同じ項目にも「知識に偏りすぎた指導にならないようにするため、基本的な事項・事柄を厳選して指導内容を編成する」と示され、各学校及び教師に内容をいかに精選するかが任されている。

目標や指導すべき内容などは学習指導要領に示されているものの、それらを踏まえて作成される年間のカリキュラムは、地域、学校、子どもの現実や特性に応じたものでなければならない。各時間のねらいを定めて適切な教材・資料を選択・作成し、子どもが主体的に取り組める学習活動を選択・設定してどのように授業を展開するかは、教師の手に委ねられているのである。学習指導要領の記述を踏まえつつ、子どもが育つ授業をつくり出せるか否かは、記述の読み取りや解釈も含めていわゆる教材研究の広さと深さにかかっていることに留意すべきである。教材研究が不十分なら授業の計画が曖昧になり、教科書をなぞる授業ですら目標達成は難しい。

社会科の授業を初めて構想するにあたり、まずしなければならないことは、社会科の教科目標を理解することである。小学校の教科目標は、「<u>社会生活についての理解を図り、我が国の国土と歴史に対する理解と愛情を育て、国際社会に生きる平和で民主的な国家・社会の形成者として必要な公民的資質の基礎を養う</u>」である。中学校の教科目標は、「広い視野に立って、社会に対する関心を高め、諸資料に基づいて多面的・多角的に考察し、<u>我が国の国土と歴史に対する理解と愛情を深め</u>、公民としての基礎的教養を培い、<u>国際社会に生きる平和で民主的な国家・社会の形成者として必要な公民的資質の基礎を養う</u>」である。

　下線を引いた部分を比べてすぐわかるように、「我が国の国土と歴史に対する理解と愛情」「国際社会に生きる平和で民主的な国家・社会の形成者として必要な公民的資質の基礎を養う」は共通となっている。その共通の部分は小学校と中学校の別なく、社会科が何を育てる教科なのかを明らかにし、教科としての存在意義を提示しているといえよう。具体的な内容の解説は後の章に譲るとして、ここでは社会科が知的な理解を通して、さまざまな他者と共生しよりよい社会を築いていく能力と態度の育成を目指すものであることを確認しておきたい。この教科目標について特に重要なのは、社会科が知識・理解と能力・態度を分離することなく、「合理的な社会認識と現代社会に求められる公民的資質」の統合的な育成を重視している点である。

　1968（昭和43）年に出された学習指導要領から総括的目標に位置付けられている「公民的資質」の「公民」とは、「国民」と「市民」の両方を意味するとされているが、現在の社会が国際社会、グローバル社会であることを考えれば、日本という枠組みよってのみ「公民」をとらえることには無理があろう。例えば、日本と密接にかかわる東アジア地域を１つの共同体と考えるなら東アジア市民という視点から、あるいは地球環境問題などを考える際に使われる地球市民といった視点からも公民的資質を考える必要がある。また、インターネットの普及という情報化に目を向ければ、ネット社会における市民という視点も忘れてはならない。

社会科授業を構想する際には、学習指導要領に示された各目標や指導内容を単に確認するだけでなく、時代の変化や社会の動向にも配慮してそれを読み解き、教材研究の資料を収集し考察することが重要である。

第2節　授業構想力と授業づくりの課題

1. 社会の問題・課題と社会科の内容・教材

　私たちの社会が、政治・経済・文化等々の面で進歩し、発展してきたことは間違いないものの、その一方で解決すべき多くの問題を抱えていることも事実である。先にも触れたように、日々さまざまな出来事によって変化していく現実の社会を学習対象とする社会科は、そこに生起する問題や改善されるべき課題と無縁であることは許されない。

　社会科の授業には、学習指導要領に準拠しつつ、こうした問題を追究する学習を通して公民的資質の育成に努めることが求められる。小学校の各学年の目標や内容、中学校の地理的・歴史的・公民的分野の目標や内容をみても、そこには現代社会の抱える諸問題がさまざまな形で関わっていることが容易に理解されるはずである。指導内容が一般化された知識として記述されていたとしても、もし学校がある地域の問題や課題と結びつけて教材化し子どもの問題意識や当事者意識を喚起することができれば、内容が具体的なものとなり、協働的な学習を活性化することによって、単なる知識の習得を越え、公民的資質の育成に寄与する授業が可能になるかもしれない。地域の事情を考慮せず、無理に社会問題と関連させることには、自制的であらねばならないが、授業を構想する側は常に社会的な諸事象を批判的に考察し、自分たちに引き寄せてよりよい社会のありようを問い続ける必要がある。

　例えば、2011年3月11日に起こった東日本大震災について、社会科教育はそれをどのように受け止め、そこから何を学べばよいのであろうか。東

日本大震災は、科学技術と防災システムが発達した現代社会に存在するリスクを改めて印象付けたものであり、私たちがリスク社会に生きていることに自覚的であるべきことを強く示唆している。これを踏まえて、社会科カリキュラムの見直しを進め、授業を通して震災への備えに認められる諸課題を明らかにし、安全に対する子どもたちの意識を高めていくことが、社会科教育としての責任であろう。

カリキュラムの見直しとは、必ずしも社会科に震災単元を新設したり、総合的な学習と連携した新単元を創設したりすることではない。学習指導要領に準拠した年間カリキュラムであっても、震災リスクと関連する指導内容は小学校から中学校まで数多く盛り込まれているので、地域や学校の状況に応じてできるところから改善していくことが重要である。一度学習して終わりとするより、発達に応じて多様な側面から繰り返し震災リスクについて学習し、自分たちや地域社会の安全を考える機会をつくる方が意識の向上には効果的であろう。ただ、大震災の被害は実に多様で広範囲に及ぶものであり、時間の経過に伴い複雑化していくことも確かである。さらに自然現象による被害と人為的な被害が明確に区分できない場合も多いため、被災した人々の人権に配慮した慎重な調査と研究が必要となる。

2. 社会科授業に求められる言語活動の充実

OECDのPISA調査等々の結果にみられるように、日本の子どもたちは知識・技能の習得に比べ、思考力・判断力・表現力等の育成に問題があるとされ、学習指導要領改訂においてもその育成が主要な課題となっている。思考力等の育成を図るための鍵になるのが言語活動であることから、社会科においても充実が強く求められている。社会科で想定される言語活動とは、例えば資料の読み取りとその記録、社会的事象の意味解釈、事象の特色や事象間の関連説明、意見の表明・論述、成果のまとめ等々の学習活動であり、それには相互理解と相互啓発を保障する共同性が重要になる。

構造的にみれば、知識・技能は習得されているが、それを活用する思考

力・判断力・表現力等が育っていないので生きて働く力、すなわち状況に応じて事実や問題を協働して追究し、合理的な評価や意思決定を行う力が身につかないということである。この状態を改善するためには、子どもたちが問題意識をもって資料の意味するところを読み取り、目的に応じてわかったことの妥当性を吟味し、どうなることがよいことなのか・そのために自分たちはどうしたらよいのかを議論することが重要となる。ただ、ここで展開される一連の言語活動が、目新しいものではないことを考えれば、指導内容の過多や時間不足などを理由とした教師主導の説明型授業の改善こそが、「言語活動の充実」を実現する前提ではないだろうか。

その上で、指導内容の精選と教材構成の工夫を行い、子どもが主体的に言語活動すなわち学習活動に取り組む時間を確保すると共に、学習場面を想定した活動の適切な選択と効果的な設定を検討することが期待される。その意味では、授業づくりにおいて目標・内容・教材について検討する教材研究に加えて、学習活動について検討する活動研究がより一層重視されなければならない。なお、中学校では時間的な制約が厳しいことを考慮し、各単元あるいは各授業でじっくり考えたり、表現したりする活動の設定場面を絞り込むことも必要になろう。

ここでは、社会科の授業づくりの課題として、思考力等を育成するための「言語活動の充実」を取り上げたが、多文化社会や経済格差等々による子どもの多様な現実への対応、授業における学校外の人々や組織との効果的な連携など、実際の授業づくりには多くの課題がある。

おわりに

小学校は基本的に全科を担当する学級担任制であり、すべての教師が社会科を得意になるのは難しいかもしれない。しかしながら、社会科がよりよい個人の生き方と社会のあり方を追究する教科であることからすれば、少なくとも知識の暗記教科という間違ったイメージを払拭し、自分や社会について考え、話し合う授業をつくる努力は、得意か不得意かにかかわり

なく期待されるところである。小学校においても教師それぞれが研究教科をもっていることを考えれば、少しでも多くの教師が社会科の授業研究に取り組み、先導的に全体の授業改善を推進してほしいものである。

教科担任制をとる中学校の教師には、まさに社会科教育の専門家として教科の趣旨に即した授業を行うことが求められる。知識の暗記という間違った教科観が、小学校より中学校や高等学校の授業において生まれている現実からすると、イメージ払拭における責任はより重いともいえよう。

授業を構想するにあたり、現実の子どもを理解することは不可欠であるが、漠然と子どもを眺めても適切な構想ができるわけではない。本書で基本的な授業づくりの方法を習得することで、具体的な観点をもって子どもを観察・理解し、その結果を自らの授業構想に還元していくサイクル型の学びが期待される。社会科授業が、理論と実践の往還により改善されることを理解し、子どもと共に考え・追究する社会科授業を具現化してほしい。

参考文献

東京学芸大学社会科教育学研究室編（編集代表者：大澤克美）『小学校社会科教師の専門性育成』(改訂版) 教育出版、2010年

第 *1* 部

社会科教育における
現代的課題

第1章

現代社会と社会科教育

はじめに

　社会科の授業風景というと、どのような記憶が甦るだろうか。おそらく多くの人たちは、配布された穴埋めプリントにひたすら語句を入れこんでいく風景ではないだろうか。あるいは先生が提示した課題を教科書や資料集等から読み取り発言する授業だろうか。そうした単純作業の中で、先生が話してくれる歴史上の人物のエピソード等は一服の清涼剤だったのではないだろうか。

　ごく一部の人だけがディスカッションやディベート等を思い出すのだろう。だがどんなに意見が活発に出される授業であっても、その意見・思考が授業終了とともに終わるのであれば、つまりは授業や教室の外に学びが広がっていかないのであれば、残念ながら社会科本来の目標は達成されていない。というのは、戦後新たに発足してから今日まで一貫して、社会科は個人の幸福のためによりよい社会づくりに現実に取り組む主体（公民的資質）の形成を目指してきたからである。

第1節　社会科の目標は公民的資質の育成

　1948（昭和23）年の『小学校社会科学習指導要領補説』で、社会科の「主要目標を一言でいえば、できるだけりっぱな公民的資質を発展させること」として「りっぱな公民的資質ということは、その目が社会的に開かれているということ以上のものを含んでいます。すなわちその他に、人々の幸福に対して積極的な熱意をもち、本質的な関心をもっていることが肝要です。それは政治的・社会的・経済的その他あらゆる不正に対して積極的に反ぱつ（原文ママ）する心です。人間性及び民主主義を信頼する心です」と記されている。また、1951年改訂の学習指導要領では「社会科は、児童に社会生活を正しく理解させ、同時に社会の進展に貢献する態度と能力を身につけさせることを目的とする」としている。

　確認しておきたいのは、上述の２つの学習指導要領は児童生徒に、社会づくりに安易に取り組ませることを目指してはない。戦前の教育が皇民形成のために社会の現実そのものがなぜ発生したのか等の客観的な探究をさせずにいた反省があったからである。だが、個の尊重と民主的な社会づくりとが容易に結びつくという楽観視を呼び込んでいる点に大きな課題が残る社会科であった。

　現実的に考えれば、私たちは社会の形成者（市民）であり、同時に国家の形成者（国民）でもある。歴史的にいえば、個人の尊厳・幸福を追求する権利主体としての個人は前近代的な君主主権を否定する国民主権の成立を求め、人権保障を制度として確立させるために近代国家を成立させてきた。それは同時に、たとえ国民の総意だとして行使される事柄に対しても、個人自らが人権を主張し抵抗してきたのである。多数の意見が自分の権利を侵害する事に対して、国家へ人権保障を求めたのである。市民と国民との対立的かつ相補的な緊張関係を絶えずもち、幸福追求を図っているのである。

　そうした市民と国民との関連性を明記したのが1968（昭和43）年版『小

学校指導書社会科編』である。社会科の目標は「社会生活についての正しい理解を深め、民主的な国家、社会の成員としての必要な公民的な資質の基礎を養う」と明記されたのである。その後、1977（昭和52）・1978（昭和53）年の学習指導要領改訂においても、小・中・高校ともに社会科の目標が公民的資質の育成であると記された。1990（平成元）年前後における学習指導要領改訂では国際的な視野での公民的資質が記されるようになったが、その目標は今日でも一貫して保持されている。

つまり、社会科授業は教科書の言葉・用語をわかりやすく楽しく教えるためではなく、その場限りの社会的な思考・判断をさせるためにでもなく、個人の幸福をより実現するような社会のあり方・制度について考え合うために行われているのである。付け加えるならば、自分自身と他者との幸福とは何かを念頭に置きながら、それを社会的な制度・思想において粘り強く思考し判断し実行する力を育成するのが、社会科である。

現実の世界でも生きて働く公民的資質を育むために、授業者には現実の世界つまり現代社会についての見識が求められる。だが今日の複雑化した現代社会をどうとらえるのか自体が容易なことではない。そのことを次節で述べることにしよう。

第2節　現代社会と社会科

今日、金融資本のグローバル化が急速に進み、環境問題（大気汚染・酸性雨、原発事故による放射線物質の拡散等々）もまた国境を超えてより広範なものとなっている。さまざまな情報（当然ながら個人の情報）も電子ネットを通して世界中を飛び交っている。実に多種多様な資本・人・サービス・情報が国家の枠組みを超えて行き来し、一国だけでは解決できない問題が生じている。

現代社会についての把握やそれを踏まえた新たな社会像の模索は、社会学、政治学、哲学といったさまざまな学問領域で試みられている。ポスト

産業化社会、後期近代化としての現代、リキッド・モダニティ、リスク社会、企業社会——消費社会、知識基盤社会、持続可能な社会等など枚挙の暇がないほどである。

　それらすべてを解説することは人文・社会諸科学の領域に属することがらであり、本書のねらいを大きく逸脱してしまう。ここでは次の２点を確認しておくにとどめる。

　第一に、いかなる社会像であっても、私たちが人権保障を求める場はグルーバルな空間にではなく、国家にしか今現在見出せないという現実に立脚する必要がある。つまり私たちが属するエリア（国家、地域）に人権保障を求めつつ、国家を超えて生じる問題に直面しているのである。それは排他的な地域主義・ナショナリズムとは一線を引き、普遍性の高い価値（人権やそれに基づく異質な者同士の終わりなき合意形成等）の中身を常に問い直しつつ、課題を解決していくしかない現実と正対することでもある。教育は、大人が観念的につくり出した国家・社会を形成するための理想的な担い手づくりではない。

　第二に、現代社会がもたらす今日的な発達課題にも、社会科は目を向ける必要がある。社会への関心が低い、思考力や判断力が低下している等が指摘されており、それは人間関係の希薄化ゆえだというのはある種の社会通念となっている。では、なぜ人間関係が希薄化するのか、またそれはどのような社会認識の変容をもたらすのか。

　現代社会は生活や文化の固体化をその特徴としている。生活・文化の固体化は気ままさ（自由）と孤立感とをもたらす。携帯電話が象徴するように、１台の電話を家族で共同的に利用するのではなく、自分の使いたい時にそうできる生活・文化が今日、当然のようになっている。ところが一週間もLINEやメールが入らないと、孤立化を実感することとなる。気ままさを保障させつつ孤立感を回避する人間関係スキルのみが肥大化し、社会認識もその立脚点で育まれてしまう。そのことを中西新太郎（1948～）は次のように指摘している。

　「学校外に広がる巨大な情報環境、情報リソースを利用してそれぞれが

自分なりのコメントを述べるのに長けた子どもたちが、互いの知見をつき合わせ衝突させて、他者と共有しうる社会像を生み出し難いのはこのためである。『自分に引きつけて考える』ことは社会を知る上で積極的に評価されてきたが、自分の『お気に入り』世界へと何事も引きこんでとらえる知の技法は、むしろ、社会認識・社会像の内閉化というべき事態であろう」［中西 2007］。

　自由と孤立の狭間で自分に見合った生活・文化をかたくなに守ることで、自身の価値観や社会認識を堅固にさせ、社会・他者をとらえようとする。それは自分に都合のよいように意味付けた社会・他者であり、世界が閉じているのである。今日の発達課題は単なる人間関係の希薄化ではとどまらず、互いに傷つけ合わないように棲み分ける固体化が閉塞的な社会認識・他者理解を生じさせているのである。そこに社会科はどのような裂け目をいれるのかが問われているのである。

　授業者には、現実的かつ現実に埋没しない社会認識と児童・生徒理解が求められている。そのためには人文・社会諸科学の蓄積をどん欲に吸収する必要がある。蓄積をどん欲に、というのはあれこれの見解の結論部分のみを網羅するということではない。高度化した複雑さが折り合っている現代社会に対して、①どのような学問的なアプローチをとることで②いかなるシステムや構造が浮かび上がってくるかという学問的なパラダイムについての習得を、ここでは意味させている。この①について補足すると、学問的なアプローチには、記号論、構造主義、機能主義、構成主義、構築主義等々がある。

　学問的なアプローチとそれを通した学術的な知見とをセットにして習得していない授業者の実践は学術的な知見の結論部分のみを取り扱い、社会をさまざまな視点から児童生徒にとらえさせることができない。しかしながら、そうした学術的な探求が必要なのは何よりも、授業者自身の社会認識・社会像を絶対化させないためである。私たちは素朴なレベルであっても必ず、ある一定の社会観・歴史観等をもっている。それを教科内容研究や教材研究に滑り込ませてしまいがちである。本書の読者には、学術的

な探求に裏打ちされた知性と非知への謙虚さ（規範としての謙虚さではない）に磨きをかけてほしい。

第3節　現代社会を見据えた学力

　公民的資質は社会科の目標であるが、それだけでは授業づくりの方向性は依然として漠然としてしまう。学力を設定する必要がある。学力は一般的に、学習を通して獲得された成果であるとされている。それは公民的資質の一部であり、かつどのような学習をさせるかという具体化を促す働きがある。

　昨今、日本ではグルーバル化する世界の中で変化に柔軟な対応ができる力、つまり知識を使いこなし創造的に活動する力を育成する動向が強まっている。その動向のひとつとして学習指導要領を取り上げる。1989年改訂では興味・意欲・関心の育成を重視する「新しい学力観」が示され、「生活科」が創設された。その後の1998年改訂では「生きる力」の育成が教育の最重要課題として掲げられ、教育課程でも「総合的な学習の時間」が設置された。

　「生きる力」の育成は現行の2008年改訂でも引き続き重視されているが、それは知識基盤社会づくりのためである。グローバル化する社会では次々に技術革新がさまざまなところで生じる。新しい知識や技術を創造することが生き抜くためには必須である。そのためには目の前の現状から適切な問いを立ち上げ、できるだけ情報（知識）を集め、適切な解決策・打開策を思考し判断しなければならない。今日において言語活動の充実が重視されるのも、自分の考えをもち、意見や価値観の異なる他者と交流し協働へ練り上げ、課題解決する力を育成しようとするに他ならない。

　社会科教育学では近年、学力を社会認識（力）のみにとどめず、社会的な諸問題の解決策を構想できる新たな力も組み入れるようになってきている（ちなみにそれらの大きな特徴は指導案や検証授業とともに提起されてお

り、観念的理想的な学力ではなく、実現可能な学力を示そうとしている点にある）。例えば、池野範男は社会形成力を重視し、現在の体制や制度を多面的多角的に検討し、よりよいそれらを追求する力の育成を提唱している。吉村功太郎は小原友行によって提唱された意思決定力を発展させ、クラス全体で合意を練り上げていく力（合意形成力）の育成を提唱している。渡部竜也は問題提起力として、現在の体制や制度についてそれらが形成されてきた背景・要因を追究させ、別の体制や制度について構想する力を提起している。また唐木清志に代表される社会参加学習論は学習を教室の外にも広げて、現実の諸問題に取り組む当事者とともにその改善策を選択決定していく力を提起している。

　客観的構造的な社会認識と現代社会の諸問題をクリエイティブに解決していく実践力とを重視する動向は、諸外国でも同様である。代表的なものとして、OECDの「コンピテンシーの定義と選択（Definition and Selection of Competencies）」（以下「DeSeCo」）と21世紀型スキルとが挙げられる（**表1**）。

　まず、昨今の学習指導要領にも影響を与えているOECDが提唱するキー・コンピテンシー（主要能力）から説明する。それは日常生活のあらゆる場面で必要なコンピテンシーを網羅するのではなく、人生の成功や社会の発展に有益であり、さまざまな文脈の中での重要な課題に対応するために必要であり、特定の専門家に限らずすべての個人にとって重要であるという能力である。また、それは次の３つのカテゴリーから成っている。社会・文化的、技術的ツールを相互作用的に活用する力（個人と社会の相互関係）、社会的に異質な集団で交流する力（自己と他者との相互関係）、自律的に行動する力、である。それら３つは相互に関連し合い総合的に機能し、現実の問題を解決する点にキー・コンピテンシーの大きな特色がある。

　また21世紀型スキルは現代社会において求められる資質・能力の定義に基づき、21世紀型スキルパートナーシップ（Partnership for 21stCentury Skills）と「21世紀型スキルのための教育と評価」プログラム（Assessment and Teaching of 21stCentury Skills）が代表的である。ICT等を積極的に取り入れた情報リテラシーの育成やイノベーションをもたらす批判的な思考等のスキ

表1　資質・能力目標におけるDeSeCoと21世紀型スキルとの対比

DeSeCo	キーコンピテンシー	21世紀型スキル
ツールを相互活用する力	言語、シンボル、テクストの活用	情報リテラシー ICTリテラシー
	知識、情報の活用	
	テクノロジーの活用	
異質な集団で交流する力	利害対立を解決する力	創造とイノベーション、批判的思考と問題解決、学び方の学習、協働、コミュニケーション
	協調する力	
	円滑な人間関係を構築する力	
自律的に行動する力	権利、利害、責任、ニーズを表明する力	個人的責任と社会的責任
	大局的に行動する力	キャリアと生活
	人生設計や個人の計画を立案、行動する力	

出所：[国立教育政策研究所 2013：13] をもとに作成

　ルの習得、自身のキャリアを見据えた社会生活づくりを重点化している点に大きな特色がある。
　DeSeCoが提起するキーコンピテンシーと21世紀型スキルには、次のような共通点がある。まず、個人の全体的・総合的な能力の育成を重視している点があげられる。日本ではややもするといわば教科主義といわれるように、読み書きは国語で、芸術は美術でとしてしまいがちである。確かにその教科でなければ育たない／育ちにくい知識や能力はある。だが、上記の2つは現実の課題を解決する中で、総合的な知識や能力を育成しようというのである。第二の共通点として、言語や知識や数や情報等についてのリテラシーを習得させ、創造的なモノ・コトを目指した問題解決的な思考の重視、それらを自身の人生設計とともに社会的に実現する力の育成を重視している点である。つまり、リテラシーと思考スキルと実践力とを育成しようとしているのである。特に21世紀型スキルでは、思考スキルの習得に重点を置いている点が注目される。
　我が国の社会科でも、既述のような明確な構成に基づく学力の設定とその育成が今後より一層求められるだろう。

おわりに──学力の転移という課題

　日本では歴史的に、社会科はあれこれの網羅的かつ総花的な内容を扱いがちであった。今後、いかなる学力を育成するのか、それに基づくカリキュラム構成や授業づくりが抜本的に必要だといえる。ただしその際には、学力の転移についても加味する必要がある。

　いついかなる時も発揮される能力・資質など、ありうるのだろうか。私たちはある特定の状況・場面において、能力を発揮させている。確かに、それまでの経験から習得した知識やスキルや能力を用いてはいる。だが、習得しているあらゆることを用いているわけではない。既述の問いは、いかなる知識・スキル・能力はどのような状況・場面で転移するのかという、社会科のみならず教科教育にとって未だ充分に解明されていない課題である。授業前と授業後あるいは単元前と単元後というように時間的なスパンを短くしたならば、授業で育まれた知識や技能や能力は発揮されているようにみえよう。しかし社会科が公民的資質としてねらってきたのは実生活への転移である。実生活での、ましてや将来の実生活での転移は授業時間数が限られている社会科授業では果たし得ない領域だという見解も、学会レベルでは出されている。読者はこの大きな課題について、いかに考えるだろうか。

引用・参考文献

　国立教育政策研究所（研究代表者：勝野頼彦）「教育課程の編成に関する基礎的研究報告書5　社会の変化に対応する資質や能力を育成する教育課程編成の基本原則」2013年

　社会認識教育学会編『新　社会科教育学ハンドブック』明治図書出版、2012年

中西新太郎『「問題」としての青少年——現代日本の「文化－社会」構造』大月書店、2012年

松下佳代編著『「新しい能力」は教育を変えるか——学力・リテラシー・コンピテンシー』ミネルヴァ書房、2010年

中西新太郎「現代社会の変貌を社会科はいかに伝えるか」日本社会科教育学会『全国大会発表論文集』第3号、2007年

日本社会科教育学会出版プロジェクト編『新時代を拓く社会科の挑戦』第一学習社、2006年

　　　　※［中西2007］は一般には入手しにくいので、［中西2012］を薦める。

社会科教育の理論と実践

はじめに

　本章では、第1節に社会科の成立から現在までの歴史的変遷について取り上げる。そして第2節で、現在の社会科が直面する諸課題について考察してみたいと思う。

　社会科は、戦後民主主義を支える「花形教科」として誕生したが、その後、さまざまな政治的、社会的、経済的、国際的な環境変化のもとで教育政策上の議論の争点となってきた。社会科は算数・数学や理科などと異なり、現実に生きる私たちの社会環境を学習対象とするものであり、そこにはさまざまな軋轢や立場が錯綜し、利害が絡み合う現実に向けての認識が前提となるからでる。世界の多くの国々でも、社会科に内包される歴史教育、地理教育、政治教育などは、その時の政権の正統性や合理性を説明する内容が盛り込まれ、政治批判は極力制限されるという性格をもっているのである。いずれの国においても大なり小なり、国民形成という目的を社会科関連教育が担うからである。

しかし、他方で社会科は、自立した「健全な批判力」をもつ市民としての資質形成を目指す側面もある。子どもたちは、将来主権者として適切な政治的判断ができる成人に成長することが求められている。

　日本の学習指導要領社会の目標観となっている「公民的資質」は、こうした国民の側面と市民の側面の両方を統合した資質形成を目指したものと理解できる。

　その上で、第2節で扱う学力の今日的な課題がある。今日のグローバル化された地球社会は、たとえ日本社会においても従来とは異なる資質が求められ、新しい視点の議論が社会科に求められていると考えられる。つまり「公民的資質」を別の観点から補強することも必要になっている。その点を読者の皆さんと一緒に考えたいと思う。

第1節　社会科の成立から現在まで

1. 社会科の理念をめぐって

　戦前の日本には社会科という教科は存在しなかった。また現在でも社会科が教育課程におかれている国は、決して多いとはいえない。日本の場合、社会についての学習は、戦前は歴史、地理、修身、郷土教育などで行われたが、単一の国定教科書を通して国家主義的価値観を押しつける傾向が強かった。その結果悲惨な戦争が引き起こされたという歴史があった。戦前の国家主義教育への反省から、戦後の占領下日本では、あまり聞きなれなかった社会科が導入されることになった。社会科は、アメリカに誕生した教科で、1947年5月に小学校の学習指導要領が、同年9月には中等社会科の学習指導要領が試案として示され、始められた。社会科は、地理教育、歴史教育、公民教育とは異なり、それらと関係しながらも子どもたちの活動を重視した総合的教科であった。つまり教養としての知識を修得するのではなく、市民的資質という価値判断や生活実践に寄与する能力を育てる

性格をもっていた。いわば西欧型の個々に自立した市民の育成が期待されたのである。なおこの段階の社会科を初期社会科と呼んでいる。以降、学習指導要領は試案から法的拘束力をもつ文部科学（文部）大臣告示となり、現在（2008年改訂）に至るまで8回（次）の改訂が行われてきた。社会科教育は形を変えながらも今日まで継続してきたわけであるが、初期社会科が目指した市民の育成という目標は、果たして実現されたのかについては疑問の声もある。

ところで社会科の歴史を振り返ると、社会科の理念や方法をめぐる論争や対立が長い間続いてきたことがわかる。時には子どもたちの生活実態と離れたイデオロギー論争という政治的な側面を色濃くすることもあった。現在でも、社会科教科書問題を通じて政治的な駆け引きの道具になる側面もあり、教育としての自由さへの侵害が危惧される。こうした社会科だが、戦後の歴史ではその考え方には大きく3つの立場があることがわかる。

①初期社会科にみられた市民育成型の社会科論
②科学主義（科学的社会認識）により内容・系統性を重視する社会科論
③国家主義的な傾向を強くする社会科論

この3つの考え方は、その時代、時代の社会や政治の状況と密接に結びつき、いずれかの立場が強く主張されることになる。

2. 学習指導要領の変遷

その時代の社会科への期待や主張によって、当時改訂された学習指導要領も特色をもつことになった。以下のような歴史を歩んできた。

表1を概観すると、最初と第1次改訂期は、初期社会科の段階と呼ばれる。学習指導要領も法的な拘束力がなく、各学校で地域の実態に合わせ自由に教育課程が編成されることになった。その結果、「川口プラン」「桜田プラン」「福沢プラン」「本郷プラン」といった全国に知られた諸プランなどがつくられ、子どもたちの生活経験を基盤とした経験主義的な教育課程が生み出され、実践されるようになった。

表1　学習指導要領の変遷

改訂	年代 小学校　中学校	特色
学習指導要領社会編（試案）	1947年（昭和22）	小1～高1までの10年間一貫カリキュラム、各地域の実情と子どもの問題意識に根ざした経験カリキュラム・問題解決学習
同上・第1次改訂（試案）	1951年（昭和26）	
同上・第2次改訂	1955年（昭和30）　1956年（昭和31）	道徳教育の強化、国家主義教育（国民の自覚）の強調、経験主義から系統主義へ、中学－地理・歴史・政経社
同上・第3次改訂（告示）	1958年（昭和33）	告示による法的拘束力の強化
同上・第4次改訂（告示）	1968年（昭和43）　1969年（昭和44）	教育の現代化（能力の重視）、社会科の一体化（中3公民的分野の登場、目標に公民が登場）、公害問題への対応
同上・第5次改訂（告示）	1977年（昭和47）	教育の人間化－知識偏重批判とゆとり教育、初期社会科への回帰（「現代社会」新設など）、社会科時数の削減
同上・第6次改訂（告示）	1989年（平成元）	小学校生活科の成立、高校地歴科と公民科に再編、中学選択「社会」の導入 新学力観－学習の興味・関心の重視
同上・第7次改訂（告示）	1988年（平成10）	学校5日制と内容3割減、「総合的な学習の時間」、選択社会の拡大
同上・一部改訂	2003年（平成15）	基礎学力低下論の政治問題化（要領が達成基準から最低基準に）、補充深化学習
同上・第8次改訂（告示）	2008年（平成20）	新教育基本法の具現化（公共心、伝統文化の強調など）と知識基盤社会への対応

　第2次と第3次の改訂は、日本の高度経済成長期にあたり、問題解決の学習に代わり科学主義・学問中心主義の教育課程になっていった。しかも東西冷戦体制が強まり、教育内容にも民主主義や地域社会のことよりも愛国心や国家主義が叫ばれるようにもなった。そのため教科書の内容も詳細に細かい事項まで記載されていたし、教科書検定も厳しさを増した。

　当時、人々の生活も安定し社会問題となった「受験競争」も過熱してきた。反面、落ちこぼれ問題もささやかれた。科学主義に傾倒しすぎ、子どもたちの生活意識や社会的モラルの低下問題、公害問題の発生などがこの教育課程を問題視させる契機となった。なお、第4次改訂は、科学主義の立場に立ちながらも科学的な諸能力重視の「教育の現代化」（発見・探究学

習)を目指すことになった。また、中学校に政治・経済・社会の領域を統合した公民的分野が初めて誕生し、社会科の目標に「公民的資質」が登場することになった。

　第5次改訂は、科学・系統主義の反省に立ち初期社会科の理念に戻ろうという主張が盛り込まれた。ゆとりある学校生活(「ゆとりの時間」の設定)、人間性を育てる観点、高校「現代社会」(当初必修4単位)の導入などが進められた。内容の削減も図られたのである。1988年の第6次改訂では、戦後小学校から高校まで12年間一貫してきた社会科教育課程が、その一部が解体、廃止されることになった。小学校低学年には生活科が、また高等学校の社会科が地理歴史科と公民科に分割された。つまり社会科は、小学校3年生から中学校3年までに限定されたということである。なお高校・地理歴史科では、世界史だけが必修化された。1998年の第7次改訂では、2000年からの「学校5日制」に対応するために、内容の3割減、「総合的な学習の時間」が導入されることになった。この改訂によって総合的な学習とリンクさせた社会科実践の新しい試みを展開する学校もあった。しかし他方で学力低下論争が起こり、削減された学習内容の回復と総合的な学習に対する厳しい批判が高まっていった。

3. 現在の学習指導要領の特色

　2008年(中学校2009年)の第8次改訂は、国際学力調査の影響を受けて、従来とは異なる内容編成となった。いくつかの柱があった。1つは社会科に関しては日本の伝統・文化の強調である。また領土問題も中学校地理で扱うように『解説』では示された。さらにその底流には国際社会のもとでの日本人の国民としての自覚を強調するねらいがあった。2つは「知識基盤社会」というグローバリズムと情報化社会(IT社会)の出現に対応して、諸能力を中心とする新しい学力観が主張されたことである。今までの暗記型のいわば受身の知識観ではなく、創造的な学力や「言語活動」「表現力」など、いわば発信する能力が求められるようになった。その他、社会参画

や公正の概念、法意識、持続可能な社会への努力など社会科として新しい内容が導入されることになった。中でも公正は単なる平等を示すのではなく、社会的ハンディを負った人々の視点に立つこと、つまり多文化主義から考える発想である。

　ところで異例であるが、2014年１月に現行学習指導要領社会の『解説』が一部改訂された。２つの内容的指導の強化が盛り込まれたが、その１つは「領土問題」、２つは「自然災害対応」である。当然、前者は近年の竹島と尖閣諸島の領有権をめぐる日韓、日中の対立の高まりの中で、日本政府の日本固有の領土という見解を、中学校３分野の学習面で強く反映させようとしたものである。後者は、東日本大震災の影響であり、中学地理的分野に自然災害と防災の学習を盛り込んだものである。

第2節　社会科教育における理論と実践

1．「暗記型」社会科の再生産

　今日、第８次改訂の学習指導要領が示されたが、学力論としては「知識基盤社会」に対応した言語活動や表現力、課題解決の思考力などが掲げられている。こうした新しい学力が提唱されている現状だが、一方では依然として社会科が抱える問題や課題も山積している。例えば、小学校教師たちにとって社会科は最も教えにくい教科とみなされる傾向にあるし、また中学校においても指導内容の多さもあり、講義・説明型の授業から容易に脱却しにくい状況に置かれていることがある。そのため小学校（特に高学年）、中学校を通じて、社会科は教師の一方的な説明や解説が中心の授業が蔓延していることが想像される。若い新任の先生も、こうした教え込みの授業からの脱却に悩むのが常である。そして危惧されるのは、社会科が子どもたちにとって受身の暗記中心と思われ、知的な刺激が乏しく、興味の湧かない教科とみなされてしまうことである。

こうしたことからの脱却は、1つひとつの改善の工夫やチャレンジしかないが、それでも次の点が重要と思われる。小学校の場合、社会科の内容つまり歴史、地理、政治、経済、世界の動きなどに教師自身が日々関心をもつことだと考えられる。また中学校の場合、子どもたちの生活と教科内容をつなげていく指導法の工夫・改善に努力することが求められよう。ただ単に教科書や副読本を順に教えていくというやり方から、子どもたちの活動を取り入れる工夫、指導内容の重点化を図ることが重要と思われる。子どもたちに興味や関心、切実感をもって臨む社会科授業が期待されている。

2. 求められる社会科学力──問題解決力を育てるために

　現代社会は、先に指摘した「知識基盤社会」とは別な観点から、「リスク社会」（特に3.11以降）と呼ぶことができる。「知識基盤社会」や「リスク社会」に求められる学力は、私たちがすでに経験した「知」を学ぶのみではなく、未来（未知）に関わる思考や判断のための力を求めている。そのためには習得した知識を活用して創造的に議論し発信したり、また社会的困難に直面した時に、子どもたちが判断できるようにする（判断しようとする）学力といえる。

　社会科教育をめぐる思考も、科学的、合理的に説明することは大事だが、それぞれ考える人の立場や経験、価値観などによって問題への迫り方が違うことも併せて考え、そうした点を理解することも大事と思われる。

　なぜならば、私たちの既存の学習は、今まで日本の経済発展や産業社会を牽引してきた科学主義への信奉が前提にあり、科学的判断や科学者への信頼が前提となっていた。そのことは当然、科学的説明が社会科においても重要だと考えられ、各種の教材や教科書も編集されていた。しかし、この既存科学への絶対的信頼が2011年の東日本大震災を契機に揺らぎ始め、多くの疑問を誘発させることになった。いわば津波予測の不備や放射能被害を拡大させたことに対する科学や教育の責任も問われたのである。

こうした状況から、代わって私たち自らが発信する能力が必要であることが主張され始めたのである。OECD（経済開発協力機構）の国際学力調査においても「総合的読解力」が重視されている点とも関係している。児童・生徒なりに社会科に関わる文章を読み解き、自身の意味解釈を加えるものととらえることができる。つまり単純に社会的事象について客観的な説明を加え理解度を測るのではなく、その問題を自身の立場から分析的に読み解く力が求められているのである。そのことによって問題解決に迫り、さらに必要な情報の再整理をする能力も生み出されるというものである。

　現代のグローバル社会は、今までの問題処理とは異なるほどの複雑な問題が山積している。その問題解決には、自ら問題を分析し判断し処理していく能力が求められているといっても過言ではない。しかしながら、これらの課題を教育実践として取り込むことは容易なことではない。私たちは難しさを前提にしながら、それでもこれからの社会と子どもたちの未来のために、新しい学力を追究する必要があろう。

3．育てるべき能力課題

（1）コミュニケーション能力と情報リテラシー

　私たちには、問題解決の思考に1人ではなく多くの人々の叡智が不可欠であり、グループ討論や新たな情報・資料の探索が必要になる。こうしたいわば集団的な学び合いがますます重視されるであろう。当然、集団的な学びにはコミュニケーション能力と情報リテラシーが必要である。ある問題解決を集団で考える場面では、1人ひとりの迫り方は共通する部分と異なる部分がある。特に異なる部分については、相手のアイディアを評価し、それを自分なりにつなぎ発展させることによって、以前になかった問題解決の方法が深まっていくものである。他者の意見を一定の価値観だけで否定するのではなく、いったん受け入れて、熟考して自己の意見に取り入れたり、自己の意見を強化したりすることである。コミュニケーションの連

続的展開（連鎖）の過程は、私たちの問題解決力も高まっていく過程なのである。

（2）公民的資質──市民的民主主義の担い手として

　私たちは、社会的な問題解決のためには専門家の知見（科学者）を頼りに、多様な議論をしていける自由な話し合いの場（公共圏）が必要である。そして参加市民が自ら情報収集と選択、政治的決断をしていく、そうした小さな民主主義による意思決定手続きが提起されていると思う。デンマークのロラン島の風力発電は著名である。3年間で原子力か自然発電かを、相対立する専門家の意見を繰り返し学び、議論し続け、その上で風力発電という方向の決断を下した。ここには市民が主体となる民主主義文化が醸成されていたのである。政府や政治が地域の課題を決定し、権威的・権力的に下ろしてくる政治や行政判断の作法とは次元を異にしている。福島第一原子力発電所の事故に伴い、再生可能なエネルギーを導入するか各地域で議論が高まっている。経済的なコスト面やCO_2への対応から原子力発電所の再稼働を認めるか、それとも原子力発電所事故の経験から、再稼働には反対の立場をとるかの議論となる。その場合、原子力発電所事故における人体への影響ということが大きな争点となろう。放射能汚染による人体への内部被ばくの影響については、専門家間でも大きく意見の対立がみられる。どちらかの立場に立つかは極めて判断が難しい問題である。この判断が難しい問題、という前提で自分たちの生活をめぐる議論を展開させなければならない。

　上記の事例を通して、「再稼働を認めるか認めないかは、誰が決定すべきなのか、決定する人たちはどのような役割と責任をもっているのか、地域のエゴになっていないか」といった民主主義の議論と決定の仕方の問題に気づくことが重要と思われる。

第3節　社会科の実践上の課題

　実際に議論に参加する空間として社会科の授業が設定され、子どもたち自身が他人事ではなく、切実感をもって考えられるべきと思われる。そのためには、以下のような学習の構えが必要になると思う。

- 意図的な情報に流されず、自ら情報を選択したり、獲得する努力と能力（情報収集）
- メディアが伝える情報に対して、常に批判的に考える力（メディア・リテラシー）
- 思想・信条に流されることなしに、異なる意見を受け入れる姿勢（他者の視点）
- 一定の結論に達したとしても、その検証とさらなる議論をし続ける市民として努力（継続的議論）
- 自らの意見を異なる意見の相手に的確に発信する能力（発信・表現）
- 専門家の意見を相対化し、自ら判断する構え（判断力）

　これらを踏まえて実践が進められることが、現代社会に対応した社会科論の課題と考えられる。私たちの現代社会の抱える問題の解決のためには、討論や話し合いを何回も重ね、当面の暫定的と思われる合意（結論）を導き出し、その暫定的な合意が妥当だったのか、妥当でなかったのかの検証が必要となる。こうした議論と検証の連続という事態を前提とした社会科授業が、小学校のうちから求められている。

おわりに

　本節でみたように、社会科はその時代その時代の社会状況を強く反映しながら現在の教育課程に至っていることが明らかとなった。しかし、社会科を熱心に実践してきた教師や研究者の多くの思いは、社会科は問題解決

学習をその本質とするというものである。問題解決学習は、子どもたちが主人公となる学習であり、初期社会科にみられた市民的資質の育成や将来の民主主義の担い手としての子どもたちの育成を目指してきた。だから、身近な社会から子どもたちがかかわる問題を見つけ出し、その問題の原因を探り、そして問題解決や克服のための議論を進める学習が不可欠となる。そうした社会問題に向き合う切実感をもたせる点に魅力を感じてきたのである。

　問題解決力は、現代社会のリスク問題をはじめ解決が容易でない問題を考える際にも、とても有効である。今後の社会科にとっても、この問題解決学習の視点を大事にしていくべきと思う。

参考文献

坂井俊樹、竹内裕一、重松克也編『現代リスク社会にどう向きあうか──小・中・高校、社会科の実践』梨の木舎、2013年

東京学芸大学（代表・大澤克美）『報告書：東京都小学校教員の授業に関する調査──社会・理科・体育』2013年

第3章

教育課題と社会科教育 I

はじめに

　社会科は「社会」を学習内容として扱い、その学習を通して民主主義社会に参入するための知識や技能、態度等を育成する教科である。ただ、その「社会」は絶え間なく変化し、それをとらえる人文・社会諸科学も新たな知見を日々生産し続けている。社会科の研究・実践は、そうした社会変化や学問研究の動向に柔軟に対応することが求められる。何故なら、子どもたちに習得させる資質・能力が現実の社会生活の中で生かされ、より成熟した民主主義社会の創造に結びつかなければ、教科としての役割を果たしたとはいえないからである。そのためには、子どもたちが経験している社会的現実を総体的に把握するとともに、それを現代社会が抱える切実でアクチュアルな諸問題と接合させ、学習者と民主主義社会の双方にとって意味ある学習を不断に再構成していくことが重要になってくる。

　このような課題意識に立ち、本章では現代社会の特質と課題を「グローバル化」「リスク社会」「持続可能性」という3つの側面から探り、いかな

る社会的現実と教育課題が浮上しているのか、そして社会科にはどのような対応が求められているのかを検討してみたい。

第1節　グローバル化と「市民」

1. 一体化する世界

「グローバル化」という用語は1990年代以降にさまざまな定義・意味内容を含みながら使用されてきたが、今日では「地球規模化」や「世界の一体化」を意味する言葉として定着しつつある。そこには、冷戦終結に伴う国際環境の変化や情報・通信技術の進展などによって、ヒト・モノ・カネ・情報などの国境を越えた移動が加速度的に広がり、世界の相互依存関係が著しく緊密化したことが含意されている。

こうした動向の起点をモンゴル帝国期や大航海時代にまで遡る見方もあるが、1980年代以降の「一体化」はこれまでにない深度と範囲、速度を伴って進展しており、1つの歴史的画期としてとらえられている。この動きを加速させた要因の1つが、市場原理を重視する新自由主義政策の世界的な拡大であり、各種の規制緩和と自由化を通じてフレキシブルな労働・生産体制が整備され、企業活動のグローバルな展開が促進されていった。

他方、こうしたグローバルな資本主義体制が生み出す抑圧的状況や、一国家では解決困難な社会問題が「地球的諸課題」として注目されるようになり、その解決を目指す取り組みも活発化している。そこでは国際機関や各国政府に加え、民間団体が国際政治の新たなアクターとして登場し、「国益」に拘束されない草の根的な連帯活動を展開している。

2. 社会科教育へのインパクト

こうした動向を受け止め、1990年代以降の人文・社会諸科学では「グ

ローバル化」が必須のキーワードに据えられ、その実態やメカニズム、影響等を把握する試みがさまざまに展開されてきた。そこでは、既存の主権国家体制が動揺ないし変質を迫られている点が強調され、国家を前提に組み立てられてきた研究枠組みを見直す必要性が強く自覚されていった。この間、社会科でも「国家を乗り越える」という課題意識が広く共有されるようになり、国家に自閉してきた市民教育を改革する動きが以下の2つの側面から展開されていった。

　その1つは「地球市民」という理念を設定し、その観点から社会科の目標・内容・方法を変革する試みである。アメリカのグローバル教育やイギリスのワールド・スタディズを参照して進められてきたこの取り組みは、旧来の社会科が世界を主権国家の集合体として対象化してきた点、及び「日本国民」の育成を標榜してきた点を批判的にとらえながら、新たに「地球」を有機的システムとしてとらえる認識枠組みを設定し、その文化的多様性と緊密な相互依存関係、及地球的諸課題への認識を促す学習内容を開拓してきた。同時に、公正な地球社会の創造に向けて社会参加することの意義を強調し、学習者の主体的な学習参加を促す教材・手法の開発を精力的に進めてきた。

　他方、グローバル化は国境を越えた人間の移動を加速させ、日本社会でも異なる文化的・民族的背景をもつ人々の権利保障や民族共生のあり方が重要な課題として浮上することとなった。このような状況を受け、アメリカやカナダ、オーストラリアなどで発展してきた多文化主義・多文化教育への関心が高まり、その視点から社会科を変革する試みが進展している。

　多文化教育はマジョリティの文化的価値に支配されてきた学校文化を批判的に問い直すとともに、多様な文化集団がその文化的・民族的差異を相互に承認し合い、より平等で公正な社会の実現を目指す教育改革運動として展開されてきた。このような視点から、多様な文化集団の視点を組み入れたカリキュラムや、差別・偏見を解消して相互理解を促す学習プログラムの開発などが進められており、その成果は自治体が作成する外国人子弟教育の指針・手引き書などにも反映されてきている。

3. 重層化する世界／国家／地域

　以上のように、社会科でも学校が備える「国民形成」機能を批判的に問い直しながら、新たに出現したグローバル社会や多文化社会に対応しうる社会認識と市民的資質を構築する動きが進展している。

　ただ、近年では単にグローバル化と国家を対立的にとらえるのみならず、両者の補完関係を問うことの必要性も提起されている。例えば、グローバル化が特定の国家の権益を拡大させている現実や、グローバル化への反動としてナショナリズムが台頭し、少数民族を排斥する動きが強まりつつあることが指摘されているほか、主権国家間のリージョナルな協力関係を構築することでグローバル化に対応しようとする動きも生まれている。また多文化主義が掲げてきた「差異の承認」をめぐっても、国家・企業の経済的利益に資する「望ましい差異」だけを受け入れ、「望ましくない差異」は福祉・社会保障のコストとみなして排除する状況が醸成されつつあり、これをグローバル化のもとで進展する国民統合の新たな形態として把握する見方が示されている。

　こうした動向と議論は、グローバル化が進展した現在もなお「国家」が重要な検討対象であることを示唆している。したがって、社会科における議論も1990年代に萌芽した「脱国家」という課題意識を継承しながらも、"国家を不問に付す"のではなくその変容過程を注視していくことが不可欠である。その意味で未だ「国家」を問うことの意味は失われていない。

　他方で、"Think globally, Act locally"という標語や"グローカル"という造語が示すように、地域社会を足場にしながらグローバル化と向き合う必要性も提起されている。そこでは、地域での生活現実の中にグローバル化の影響を読み取ることや、地域的課題の要因や解決策をグローバルな視野から読み解くこと、地域社会での協働的活動を通して社会参加に向かう意識や行動力を育むことなどが目指されている。

　このように、現代社会は「世界／国家／地域」の諸次元を往還する柔軟な思考力を強く要求している。例えば、福島県で発生した福島第一原子力

発電所事故（2011年3月11日）はローカルな危機がナショナル及びグローバルに波及した事例である。あるいは、環太平洋パートナーシップ協定への参加に際しては、「国益とは何か」が問われたほか、農村地域への否定的影響がクローズアップされた。また、「領土」をめぐる国家間対立に際しては、愛国心を鼓舞する言説や近隣諸国を敵視するような雰囲気が広がる一方で、地域住民の生活という視点から国境の意味を考える視座が提起された。これらの事例が示すように、現代社会で生起する社会的現象・課題の多くは「世界／国家／地域」の諸次元が重層的・複合的に交錯する形で構成されている。そのため、社会科で育成する社会認識・市民性もこの重層化する公共圏を念頭において構想されなければならない。

以上、グローバル化に伴う空間的諸次元の再編と、それに対応した市民教育のあり方を示してきた。次節では現代社会の特質を「リスク」という観点からとらえ、そこから社会科を改革する視点を探ってみたい。

第2節　リスク社会と社会科教育

1. 現代社会と「リスク」

「リスク社会」とは、ドイツの社会学者ウルリッヒ・ベック（Ulrich Beck 1944～）が現代社会の特質を説明する際に導入した概念である。ベックは人類に豊かさをもたらしてきた近代産業社会が、その反面で生活基盤を破壊するリスクも同時に生み出してきたことを指摘し、そのリスクに対応した社会を模索する時代に突入したことを提起した。

ベックが指摘する「リスク」には、地球温暖化や生態系の破壊などの環境的リスク、原子力発電や遺伝子操作などの科学技術的リスク、そして雇用の不安定化や治安悪化などの社会的リスクといった類型が含まれるが、いずれも人為的な企ての帰結として現象化し、豊かな社会を実現するための営み自体が引き起こす点が強調される。したがって、自然災害などを示

す「危険（danger）」とは区別され、近代社会の高度化によって生じる必然的な過程として把握される。また、これらのリスクは取り返しのつかない破局的・不可逆的な被害を引き起こし、その影響はグローバルな規模で拡大する。そのため、その発生や被害の予測・計算は極めて困難とされる。こうした特徴をもつリスクが生産・分配され、重要な社会的課題に位置付くようになった今日的状況を、ベックは「リスク社会」と規定した。

　また、ベックの議論では「個人化」と呼ばれる社会変容に特別の関心が払われている。すなわち、近代社会は個人を伝統的な共同体・価値規範から解放し、その選択可能性を拡大させてきた。だが、個人を単位とした社会編成が徹底される過程で、それまでリスクを軽減する緩衝地帯として機能してきた家族や地域社会、労働組合などの中間集団から個人が離脱する傾向が強まり、その結果、さまざまなリスクが個人を直撃し、個人でリスクに対処しなければならない状況の拡大が予見されている［ベック1998］。

　このベックのリスク社会論は、チェルノブイリ原子力発電所事故（1986年）直後に提起され世界的な反響を呼び、近年日本社会でも格差・貧困問題の深刻化や東日本大震災・福島第一原子力発電所事故などの緊迫した現実を背負いながら、大きな関心を集めている。

2．「非知」と向き合う社会科授業

　社会科でも「3.11」（東日本大震災・福島第一原子力発電所事故）を契機にリスク社会と向き合う研究活動が萌芽した。その取り組みは緒についたばかりであるが、いくつかの重要な論点も提起されている。その1つが、既存の科学的知見だけでは読み解けない問題や、科学的専門家でも見解が分裂する問題、いわば「非知」の領域をいかに扱うかという論点である。

　我々は福島第一原子力発電所事故を通じて制御困難に陥った科学技術の危うさを目の当たりにするとともに、そうした危険性を隠蔽してきた科学者や政治家、メディアへの不信感を深めていった。政府・メディアへの信頼が揺らぐ中で、私たち1人ひとりが科学的言説や情報の真贋を見定め、

自らの行動を選択・判断しなければならない状況に置かれていった。

　子安潤は、これら一連の経験を踏まえ、リスク社会の下で求められる教育実践の基本的視座として、公認された科学的知見を批判的に吟味することの重要性を唱えている。子安は教科書・副読本の原発・放射線（能）に関わる記述には、限定的事実の配置（不都合な事実の排除）によって一方の見解に導く傾向がみられることを指摘した上で、教師たちが教科書・マニュアル依存を脱して「自前の教材研究」へ歩み出すことを求めている［子安2013］。そこでは、最新の科学研究の到達点を押さえることに留まらず、通説と対抗する知見を積極的に探すことが肝要になるという。そして、どのような知が社会的に存在し、それらに対してどのような声があるのかを広く知らしめ、子どもたちがデータから自主的判断を導き、複数の結論の前で考え込む経験をつくり出す点に、教師の役割を見出している。

　こうした授業づくりの視点とも対応して、これまで科学的専門家及び行政が独占してきた科学技術政策の意思決定場面に一般市民が参入することを企図し、その担い手を育成する試みも始まっている。

　例えば、山本晴久は"ホットスポット"として知られるようになった千葉県柏市の高校生を対象に「低線量被曝」を主題に学習している。この実践は、低線量被曝の「リスク」に関して異なる見解をもつ専門家を学校に招き、質疑応答を通して論点を整理した上で、その評価を討論する活動である。その後、地域の一般市民や市民団体、自治体職員など多様な関係者を招き、その思いや問題解決に向けた取り組みに触れさせている。さらに、「模擬コンセンサス会議」を開催し"優先的に税金を投入すべき政策課題は何か"というテーマで、討議と合意形成を図る活動が展開されている［山本2013］。

　このように山本実践は、不確定要素を含み科学者でも解答が出せない問題について、その意思決定過程に市民が参入する方向に民主主義社会が成熟する道を探り、そこで求められる資質・能力の育成を目指すのである。

3. 当事者性と共感の視点から

　他方、東日本大震災・福島第一原子力発電所事故以降の日本社会には人々を隔てるさまざまな分断線が引かれ、とりわけ被災者たちは「心の被曝」とも表現される心的な傷を負うこととなった。こうした現実を受け止め、改めて当事者たちの経験の総体に迫る教育実践の必要性が提起されている。

　例えば坂井俊樹は、科学的専門家たちの「客観性と科学的厳密性」に基礎を置く言説が、数値化可能な科学的データを根拠とするが故に、当事者たちの経験を総体的に受け止めきれず、時としてその傷を広げることに加担してきたと指摘する。したがって、社会科授業もまた科学的実証性の側面だけで構想するのではなく、関係者たちの「生」や心情にまで迫ることを求めている［坂井2013］。先述した子安もまた「心に染みる授業」という表現を用いながら、客観的・科学的次元での認識形成に留まるのではなく、学習者が学習対象との関係を編み直すことの重要性を指摘し、他者への「共感」やリアルな生活現実に根ざす授業づくりの必要性を提起している［子安2013］。

　坂井や子安が示す授業論は、リスク社会の下で解体されつつある協同性を再構築し、分断された人々のつながりを回復する営みとして理解でき、ベックが提示する「サブ政治」とも重なってくる。すなわち、ベックは代議制民主主義やイデオロギー主導型の社会運動もまた「個人化」によって形骸化することを指摘する一方、リスクへの不安を媒介にした人々の連帯と行動が新たに生み出されることを予見し、それを「サブ政治」と呼んでいる。その特徴は、日常生活に関わる諸問題が主題化され、その解決に向けて個々の市民が直接的行動をとる点にあるとされ、そこから「下からの社会変革」の可能性が展望されている。社会科における市民育成をめぐる議論も、日常的な生活世界をも視野におさめた新たな「政治」概念への転換を進め、当事者意識と他者への共感能力を育むことが重要と思われる。

　ところで、リスク社会論が描く現代社会の危機的様相は"持続可能な社会の構築"という21世紀的課題の重要性をいっそう鮮明に照らし出してい

る。次節では、この「持続可能性」をキーワードに進められる世界的な教育変革の潮流と社会科の関連について検討してみたい。

第3節 持続可能な社会に向けて

1. 「持続可能な開発のための教育」とは？

「持続可能性（sustainability）」は、1980年代以降の環境・開発に関わる国際会議で頻繁に使用されるようになった用語である。その認知を広げたのは1987年の「国連・環境と開発に関する世界委員会」で公表されたブルントラント報告書であり、同報告書は将来世代のニーズにも配慮した開発を「持続可能な開発」と定義し、世代間公平性の視点を導入した新たな開発概念を導入することで、環境と調和した節度ある開発の必要性を提唱していった。

1997年「環境と社会に関する国際会議（テサロニキ会議）」では、環境のみならず貧困、人口、健康、食料、民主主義、人権、平和などの諸課題を含める形に「持続可能性」の概念が拡張され、その実現に向けた教育の必要性が確認された。2002年の「持続可能な開発のための世界サミット（ヨハネスブルグ・サミット）」では日本政府が提案した「持続可能な開発のための教育の10年」が採択され、2005年から2014年を「ESDの10年」とすることが決議された。

こうして「持続可能な開発のための教育」（Education for sustainable development：ESD）に関する国際的な取り組みが開始されていくが、その基本的指針はユネスコが2005年10月に策定した「国際実施計画」で示されている。そこでは「持続可能性」に関わる諸問題として、(1)社会的領域（雇用、人権、ジェンダー、平和、人間の安全保障など）、(2)環境的領域（水問題、廃棄物問題など）、(3)経済的領域（貧困、企業責任とアカウンタビリティなど）、(4)複合的領域（HIV/AIDS、移民、気候変動、都市化など）という4つの領域が例示されている。そして、これら「持続可能性」を脅かす諸問題に対応する教育活動及び施策を、各関係諸機関が緊密な連携をとりながらグローバル／リージョナル

／ナショナル／ローカルの各レベルで展開することが目指されている。その学習の場は学校教育・社会教育の双方に及び、総合性・学際性を特徴とする点やローカルな文脈に根ざすこと、高度な思考技能や価値観、行動力を育成することなどの学習視点が強調されている。

2. 社会科との関連

このESDの導入に主導的役割を果たして日本では、ユネスコ・スクールを拠点にした実践活動や学習指導要領の改訂（2008〜2009年）などを通じて、学校への普及が推進されている。その際、ESDはあらゆる教科・領域で取り組むことが奨励されているが、とりわけ社会科は中核的役割を担うことが期待されている。社会科が掲げる民主主義社会の担い手の育成という目標はESDの理念とも深く関連しており、「持続可能性」に関わる諸問題を対象化しうる内容領域も豊富に存在しているためである。

現行学習指導要領では、中学校社会科および高等学校の地理歴史科・公民科を構成する各分野・科目の終末単元として、「持続可能な社会」に関する学習内容が設置されており、習得した基礎的な知識・技能を活用しながら、各種テーマを主体的・探究的に学習することが目指されている。小学校社会科については直接的な言及がないものの、多くの単元で「持続可能性」の視点を組み込むことは可能であり、実践事例も蓄積されている。

現在、ESDは国際理解教育や環境教育、開発教育などグローバルな視野を備えた諸教育を包含する総合的な教育領域として理解されつつある。既に検討した通り、社会科ではグローバル化への対応を模索する過程で地球的諸課題を扱う内容領域を開拓してきた経緯があり、ESDの導入を先行的・部分的に進めてきたといえる。また、地域に立脚することや学習者の主体性の重視、総合的な内容構成など、ESDに付随して提示される実践構想の視点は、成立期社会科の経験主義的な方向性と重なる部分が多く、その理念や手法を再活性化させる側面をもっている。

ただ、ESDが社会科に新奇的な視点を付与するとすれば、それは「持

続可能性」という視点から社会のあり方を問う局面を開拓した点にあろう。これにより過去・現在に加えて「未来」という地平が開拓され、「将来世代」にも配慮して市民教育のあり方を問う視座が確立されたといえる。

おわりに

　以上、本章では現代社会の特色と課題を「グローバル化」「リスク社会」「持続可能性」という諸側面から検討し、この動向に対応した市民教育のあり方を示してきた。この検討を通じて、現代社会が一国主義的な国民形成論の克服を要求するとともに、なりふり構わない成長主義への深刻な反省と未来への責任を担保した新たな民主主義社会の創出を求めていることを提示し、社会科を通じた市民教育もこの時代の要請に応答することが求められていることを示してきた。

　なお、本章で展開した議論はあくまで社会の側からの要請であり、実際に教育実践を考案する際には、子どもたちの生活世界およびライフコースとの関連を探り、その興味・関心や主体性に配慮することが肝要である。現代的な課題意識に根ざす教育実践がしばしば教師の「思い」を優先させ、教化主義的な傾向に陥りがちであったことを思い起こす必要があろう。

参考文献

子安潤『リスク社会の授業づくり』白澤社、2013年
坂井俊樹、竹内裕一、重松克也編『現代リスク社会にどう向きあうか
　　——小・中・高、社会科の実践』梨の木舎、2013年
坂井俊樹「第1章　リスク社会における教育の観点と実践」［坂井ほか編2013
　　（前掲書所収）］
山本晴久「『コンセンサス会議』の手法を用いた授業——千葉県柏市における放射能問題」［坂井ほか編2013（前掲書所収）］

佐藤真久、阿部治編『持続可能な開発のための教育ESD入門』筑波書房、2012年

日本社会科教育学会『社会科教育研究』第113号（特集 持続可能な社会系の形成のために社会科は何ができるか）2011年

日本国際理解教育学会『グローバル時代の国際理解教育――実践と理論をつなぐ』明石書店、2010年

ウルリヒ・ベック『危険社会――新しい近代への道』法政大学出版局、1998年

UNESCO, *United Nations Decade of Education for Sustainable Development (2005-2014) : International Implementation Scheme*, October 2005, Paris.

第4章

教育課題と社会科教育 II

はじめに

　子どもたちを取り巻く社会環境、特に学習環境は大きく変化している。
　情報化の進展は、ネットいじめ等の問題を学校に突きつける一方、「反転授業」など授業のあり方にも変化を及ぼしている。格差社会の進展による貧困拡大の結果、満足に食事ができず、授業以前に生活環境や学習環境に課題を抱える児童・生徒もみられるようになった。
　本章では、このような教育課題に対し、社会科ではどのようにとらえ、どう授業を組み立てるべきかについて考える。情報化社会・格差社会・ジェンダー・特別支援教育、それぞれの観点から、子どもを取り巻く社会環境の変化と、それに伴う社会科の変化について検討し、社会科の新しい課題について示したい。

第1節　高度情報化と社会科教育

1. ネットショッピング

　通販サイトにアクセスし、インターネット経由で商品を購入することはもはや一般的であるが、インターネットを介しても、私たちがお金を払い商品を購入するという行為自体に変化はない。
　しかし、ネット上では、お金や商品だけが取引されるわけではない。どのような商品を他に購入しているかといった購入の履歴は、私たちが気づかぬうちに販売者へとネットワークを介して引き渡されており、新たな価値を生み出す源泉となる。このように情報が価値を生み出し、他の商品と同様に取引される社会のことを、高度情報化社会と呼ぶ。

2. 高度情報化社会と知識基盤社会

　高度情報化社会は、情報を知識と言い換えるならば、学習指導要領のいう知識基盤社会でもある。知識基盤社会では、知識（＝情報）が元となり、新たな知識を生むこと、またこのように知識は日々刷新され、組み合わせられることで、新たな価値を生みだすものとされる。このように知識が基盤となって、知識が知識を生み、新たな価値を生み出す社会を知識基盤社会という。この知識基盤社会では情報教育が重要となるが、それは社会科においても例外ではない。
　このため、学習指導要領では、「指導計画の取扱い」において、コンピュータなどを活用した、資料の収集・活用・整理などを求めている。内容面においても、小学校では、教育・福祉・医療・防災などの中から情報ネットワークの活用事例を選択して授業化すること、中学校では、現代日本の特色として「情報化」を取り上げることが求められる。だがこれだけでは、機器の扱いに精通できたとしても、情報化に伴う社会の変化の実情

はみえにくい。

3. 日常に浸透する情報

　情報通信技術やコンピュータなどの技術の発展によって、大規模なデータ（＝情報）の収集と解析が可能となった。このような「ビッグデータ」は防災分野などに応用され、携帯電話の位置情報データを大規模解析することで、安全な避難ルートを構築する研究等が開始されている。しかし、この研究が成立する背景には、携帯電話から誰がどこにいたという情報が常に収集されている事実が存在しているのである。

　高度情報化社会に関する授業では、あふれる情報から正しい情報を読み取るメディアリテラシー能力の育成、情報技術との適切なつきあい方などが重視されがちである。また、内容面においても、情報化によって便利になった私たちの暮らしを理解することが中心となっている。しかし、スマートフォン（スマホ）を持ち歩くことで、自分がいつどこにいたかまで第三者に丸見えになるといった負の側面についてはあまり教授されていない。その理由としては、位置情報を提供している一個人にとっては、自分の位置情報が価値をもたないため、意識されにくく、さらに、情報機器を通じてやりとりされる情報はみえないことが挙げられよう。

　このような高度情報化社会では、情報機器などの発展が人の働きを軽減する反面、どのような情報のやりとりがされたのかがみえなくなる。例えば、売れ筋商品を仕入れてより収益を増やそうというような販売側の工夫や努力は、POSシステムの普及によって、個々人の経験や勘といったものから、コンピュータから出力されるデータへと置き換えられ、個々の販売員には現れにくくなった。具体的な「人」に現れていた工夫や努力は、今や機械が代替するのである。

　便利さの影の隠れた工夫や努力、同時にその危険性についてどのように可視化させるか。社会科の授業にはその作業が求められることとなる。

第2節 格差社会と社会科

　格差社会とは、所得や財産面において、富裕層と貧困層という形で階層が両極に分断され、さらに拡大している社会のことである。学校教育においては、この階層の固定化、特に貧困層における世代を超えた貧困の固定の連鎖をいかに断ち切るのかが課題となってくる。

1. 貧困と格差

　「僕の家は貧乏で、山元村の中でもいちばんぐらい貧乏です」[無着編1995]との作文から始まる『山びこ学校』[無着編1995]が世に出されたのは、戦後直後の1951年のことだった。この時から、社会科は貧困をいかに撲滅するかという課題に取り組んできた。その後の多くの実践では、貧困が生まれる社会構造を理解し、その構造を変化させる必要が強調されてきた。しかし、高度経済成長を経て、貧困は教育の課題からも後退し、社会科では国際的な格差構造をどのように克服するかに教授内容が変化してきていた。

　現在の子どもたちをみる限りにおいて、『山びこ学校』で赤裸々に綴られているような貧困家庭をみることは多くはない。ぼろぼろの服を着て登校する子どもの姿をみることは困難だ。スマホを介し、LINEなどのSNS(ソーシャルネットワークサービス)を使って友達と連絡をとり合う高度情報化社会下の高校生をみる限り、貧困など過去の話だと考える人も少なくない。

　しかし、ここで視点を変えて考えてみよう。今、手元に携帯もスマホもなかったとする。どのように他の人と連絡をとればよいだろうか。もし、アルバイト面接の場で、「携帯もスマホもありません」と言った場合、その生徒は採用されるだろうか。

　貧困は、社会的に決定されるものでもある。確かに、食べるものがない、着るものがない、住む家がないというような絶対的貧困者も増加しているが、生活保護制度などの社会保障の存在によって一定程度までに食い止め

られている。しかし、生活に必要とされる物品、それも学習環境を整える上で重要な学習机などの物品を十分に所有していないといった相対的な貧困家庭は、確実に増加してきているのである。

2. 相対的貧困層の増大とその問題点

我が国の等価可処分所得の中央値の50％以下（貧困線という）の所得額は2009年の厚生労働省調査によると112万円であり、この所得に満たない世帯員割合は16％となっている。さらに、貧困線以下に留まる子ども（17歳未満）の割合は15.7％となっており、この割合は年々増大している。

この112万円という収入では、一家の生活が十分には支えられないことは容易に想像つく。スマホがないので、友達と連絡をとることもできない。生活するためのアルバイトによって、自宅学習時間も削られてしまう。高校卒業後は、進学よりも就職を目指すこととなり、低所得家庭が再生産され、貧困層が固定化する原因ともなってくる。

このような貧困は、同時に子どもたちの心にも大きな傷を負わせることとなる。友達ネットワークに入れない結果、いじめられることもある。教育社会学者らの調査によって、学力と家庭の所得に相関関係があることもすでに明らかになっているが、自宅学習時間の不足は、学力不足の原因ともなる。学校でも家でも、ほめられることはまれとなり、学習意欲が失われ、さらなる低学力化に拍車をかけることとなる。自信がなくなり、自尊心が低くなる。社会や大人への不信感と共に、社会から排除されたという意識も高まり、学校や社会に対して積極的にかかわろうという社会参加意欲も低くなってしまう。

3. 新科目構想「公共」と社会科の役割

自民党は2010年マニフェストで新科目「公共」構想を明らかにした。
この科目「公共」では、若者の自立心を育むために、公民科や家庭科で

教えられている就労や家庭などついて、体験学習を通じて実践的に学ぶ教科と新聞では報じられているが、その科目設置要求の背景に、公民科では社会生活に必要な知識が教えられていないという不満が存在することは明らかであろう。

例えば、授業で生活保護という社会保障制度があることを知らされても、貧困層の子どもたちはその権利の存在や権利行使の具体的な方法までは教えられていない。さらに、授業で教えたとしても社会への不信感のため、学校から排除された子どもたちは学びからも逃走しており、その声が届くことは少ない。今の社会科は、社会のニーズにも、貧困層の児童・生徒のニーズにも充分に応えられていない。

4. 社会科での対応

では、貧困層の子どもたちにも届く授業はどう構築したらよいのか。

従来、社会科では格差社会や貧困について、制度面から理解させようという側面が強かった。しかし、これからは、構造面などの科学的理解だけでなく、自らが貧困の再生産の輪に陥ることがないよう、自ら権利を回復できるような態度・能力の育成、あるいは自分の今の生活にも、貧困を生む社会構造が関与しているという実感を育成する授業が求められる。

大阪府立西成高校「反貧困学習」では、生徒がアルバイトで体験した労働基準法違反の事例から学ぶことで、自らもつ権利についての自覚を促し、さらに解決した先輩の事例を通じて、権利意識への自覚とその行使の仕方を教え、実践的知識も教授することに成功している。

一方、無着成恭の生活綴り方のように、自らの生活史を綴らせることによって、自らの心の「傷」について自覚させ、書くという行為によって、社会との関係をとらえ返し、教科教育と個人を接合しようという実践も行われている。

格差社会を理解するには、単純に制度を科学的理解するだけでは不十分である。上述のように、生徒の個人的経験を社会の中に位置付け、教科と

のつながりを回復させ、社会への再接合を図り、児童・生徒と社会を結びつける実践が求められているのである。

第3節　ジェンダーと社会科

　ジェンダーとは、社会的・文化的性差のことを意味しており、性別のような生物学的性差（セックス）と区別して使用されている。
　偏ったジェンダー観に基づいた「男は仕事、女は家事と育児」というような性別役割分業は、男女共同参画社会基本法などの整備によって改善されてきた。間違いなく女性の雇用機会は拡大し、女性への機会不平等は改善されつつあるといえる。
　しかし、このような現状に対し、本節では2つの点、カリキュラム等の内容面におけるジェンダーと、教育労働の面におけるジェンダー課題について示したい。

1.　カリキュラムにおけるジェンダー

　小学校の歴史学習において、学習指導要領で指示されている人物学習の対象総計42人のうち、女性は3人だけである。政治史分野では卑弥呼、文化史の範疇で紫式部と清少納言が取り上げられるだけである。
　ここから受け取る子ども側の印象、「隠れたカリキュラム」はどうなるだろうか。女性は政治的に活躍することは難しいこと、文化等の面で活動すべきことを読み取るかもしれない。
　このような課題を克服するため、公民的内容においては、男女の平等の大切さ、また雇用等の側面における現状の課題が示されている。例えば、トイレのピクトグラム（絵文字）において、男性は青、女性は赤といった色の違いから、ジェンダーについて自覚的に考えさせる実践が行われている。さらに、ジェンダー差を意識させないよう、男女のピクトグラムの色

を同じ色にするなどの工夫をしている施設を紹介することもある。

　しかしこのような授業内容では、男性／女性の差が社会における課題であることは理解できたとしても、「隠れたカリキュラム」の課題まで克服することは難しい。女性が働く上でハンディを負わされていることは理解できたとしても、個人や社会がその課題をどのように克服するのか、また、なぜそういう社会構造になったのかについて理解することは困難である。

2. 社会科教員における性差

　この教科書を講義室などで開いていたら、周りを見回してみてほしい。女性の姿があまりみえないことに気がつくだろう。それはなぜだろうか。

　2009年度の仙台市中学校教員の担当科目別区別調査結果（せんだい男女共同参画財団による）によれば、社会科担当教員の割合は女性が20.0%なのに対し、男性は80.0%であった。他の教科と比べた場合でも、女性教員

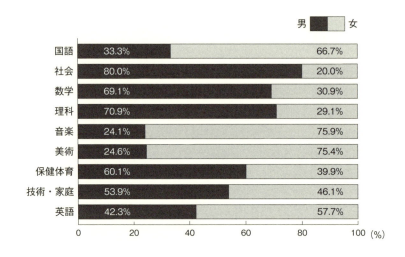

図1　仙台市中学校の各教科担当教員の男女比（2009年度）
出所：公益財団法人せんだい男女共同参画財団による調査
▶http://www.sendai-l.jp/chousa/pdf_file/2/2-2/2_2_6.pdf（2015年1月1日アクセス）

の少なさは社会科がトップで、理科の29.1％と比較しても男性優位になっていることが分かるだろう（図1）。

　では、なぜ女性の担当する割合が低いのか。社会科、特に公民的内容で学ぶ政治や経済、法といった内容は、就職後に初めてその役割が理解できるという側面がある。このため、かつて定職に就くことを社会的に阻まれてきた女性にとっては、学ぶ意味を見出すこと自体が困難だったのかもしれない。これからは、女性が社会科を学ぶ意味を積極的に伝えるカリキュラム、あるいは授業実践の構築が求められるし、また、教科担当者を積極的に増やすことが必要となるだろう。

3. ジェンダー課題の克服へ

　「男女共同参画に関するゲーム」［渡部ほか 2012］は、上記課題の克服の参考になる。男女共同参画という視点から、過去から現在社会までの歴史をすごろくゲーム化し、各時代の女性の権利などについてのクイズを行うことによって、歴史的に女性がおかれていた姿を客観視することに取り組んだ実践である。すごろくを通じて、時間軸を追わせることで、社会が変化すること、男女共同社会へと変化しうることを理解させることに成功している。この実践のように、ジェンダーをテーマ学習化することによって、内容面における女性に関する内容の少なさを克服する、男女共同参画社会という公民的な内容を歴史学習とつなげることによって、平等に向けた変化が体感し、実感を取り戻すことができるといった工夫が、社会科には求められるだろう。

第4節　特別支援教育と社会科

　かつて日本の学校においては、障がいをもつ児童・生徒を通常の学級から排除し、効率よく授業を進めることで、優秀な人材育成を図るという方

針がとられていた。しかし、すべての児童・生徒（障がい児だけを意味しない）を包摂する授業・学校が目指されるようになり、現行の学習指導要領も本方針にしたがっている。これは、社会科が重視する人権の観点から考えても、当然のことである。

　特別支援学校においては「児童及び生徒の障害による学習上又は生活上の困難を改善・克服し自立を図るために必要な知識、技能、態度及び習慣を養うこと」［文部科学省編著 2009］が求められているが、本節では障がい児も含むすべての子どもを包摂することを目指す教育「インクルーシブ教育」の考え方にも従い、特別支援学校における社会科教育と、通常学級における障がいのある児童・生徒に対する社会科の課題の２つの点ををみていく。

1. 特別支援学校における社会科教育

　特別支援学校においては、小学部では教科「生活」がおかれ、社会科は設置されていない。中学部では「社会の様子、働きや移り変わりについての関心と理解を深め、社会生活に必要な基礎的な能力と態度を育てる」［文部科学省編著 2009］ことを目標とした社会科が設置され、高等部社会科（地歴科、公民科に分割されていない）では、社会の様子などへの関心と理解を一

表１　『くらしに役立つ社会』の内容構成

章	タイトル	内　容
序章	現代社会と私たち	私たちの生活の変化／社会参加・自立／これからの社会
第１章	私たちのくらしと社会	国や社会のきまり／国や社会のしくみ／私たちのくらしを支える社会のしくみ
第２章	私たちのくらしと公共施設	公共の交通機関／金融機関（銀行）や郵便局の利用／役所でできる手続き／職業や生活の相談と支援、など
第３章	私たちのくらしと経済	生産から消費への流れ／いろいろな仕事／経済活動を支える社会のしくみ／私たちの消費生活
第４章	日本の地理と歴史	地図の見方／歴史の流れと年代の表し方／日本各地の地理・歴史／世界の中の日本

出所：［大南編集代表 2009］をもとに作成

層深めることなどが求められている。

　この特別支援社会科用のテキストとして例えば『くらしに役立つ社会』［大南編集代表 2009］が編纂されているが、内容構成（**表1**）を見れば理解できるように、中等部・高等部での社会科は私から出発して世界へと拡大する同心円拡大カリキュラムとなっていること、職業人・社会人としての自立が目指されていること、特に第2章で金銭面の内容（「金融機関や郵便局の役割」）が設けられているように、主に生活面における社会への適応が目指されていることが分かるだろう。また本テキストでは、知識理解が中心となっており、障がいをもつ人々が生活する上で必要な切実なニーズに応えている反面、基礎・基本的な知識不足が会社でのいじめなどを引き起こしかねないなどの悲しく許し難い現状に対応させるといった、社会から排除されることへの危惧に対する構えが見受けられる。このため、通常学級の社会科においては重視されている思考・判断場面が極めて少なくなっており、これはインクルーシブな社会科教育の上でも、また今後の研究でも課題となってくる。

2．通常学級での対応

　インクルーシブ教育が広がり、通常学級においてもADHD児童とともに学習を行うことも増えてきた。しかし、教える側に「障がいをもつ児童は特別な配慮を必要とする」という意識が先行するためか、必要以上の課題を抱え込むことも少なくない。

　これに対して、「授業のユニバーサルデザイン」という実践が広がりを見せている。特別支援教育の視点を教科教育にも取り入れることによって、障がいのあるなしにかかわらず、すべての子どもが授業に参加できる、わかる・できる・楽しい授業をつくろうという実践である。

　配慮が必要な児童・生徒は、授業でつまずくことが他の子どもたちと比べると多い。これは、与えられた複数の情報を同時に処理できないなどの課題があるためである。しかし、教員の指示が不明確な時には、配慮が必

要な子であろうとなかろうと混乱して、授業につまずくこととなる。

そこでユニバーサルデザイン化された授業では、指示を明確にすることなどが目指される。教師からの説明をただ聞く時間を減らし、他のことに気が散らないよう作業時間を増やす。特に社会科では、視覚資料を増やして理解の促進を図る、考えることを焦点化するため、提示する資料から不要な情報を削ぎ落とすことなどを行い、授業自体をつくり変えようとする。さらに、すべての子どもが思考しやすくするために、授業で焦点化する学習問題は1つに絞ること、学習問題にまで至る過程を黒板上の決められた位置に示し分かりやすくすることで、どの子にとっても思考しやすくするなどの工夫が行われている。

これらのスキルは、これまでの社会科教員にとっても重要なスキルであったといえるが、あえてそのことを意識し、このようにすべての子どもが共に学べる授業・学校をつくり出し、授業への参加を促そうとしているのである。

おわりに

障がいのあるなしにかかわらず、すべての子どもが共に学べる空間をつくり出すことは、社会からの要請であると同時に、社会科教育が大切にしてきた人権を教室内や学校でも実現する上で、必要なことである。お金がないから、女性だから、障がいがあるからという理由で社会から排除されることがないよう、社会科授業においても、このようにすべての子どもが学ぶ意味を理解し、学ぶ意欲がもてるような授業をつくることが求められている。

授業のユニバーサルデザイン化においては、授業への参加から、理解→習得→活用を促すという授業構造をとる。すべての子どもたちの授業への参加を保障するためには、発達した情報技術の成果を積極的に授業に取り入れ、より分かりやすく、すべての子どもが授業・学校に参加できるようにすることが必要だろう。すべての子どもたちがわかる社会科から、「持

続可能な社会」について考え、そのような社会に参加できる筋道を示す社会科授業が、今求められている。

参考文献

小貫悟、桂聖『授業のユニバーサルデザイン入門――どの子も楽しく「わかる・できる」授業のつくり方』(授業のUD Books) 東洋館出版社、2014年

村田辰明『社会科授業のユニバーサルデザイン――全員で楽しく社会的見方・考え方を身に付ける！』(授業のUD Books) 東洋館出版社、2013年

厚生省大臣官房統計情報部編『国民生活基礎調査 平成22年』厚生統計協会、2013年

渡辺育子ほか「男女共同参画に関するゲームの開発」『秋田大学教育文化学部教育実践研究紀要』34号、2012年

文部科学省編『教育の情報化ビジョン――21世紀にふさわしい学びと学校の創造を目指して』文部科学省、2011年

大阪府立西成高等学校『反貧困学習――格差の連鎖を断つために』解放出版社、2009年

大南英明編集代表『くらしに役立つ社会』東洋館出版社、2009年

文部科学省編『特別支援学校学習指導要領解説 総則等編（幼稚部・小学部・中学部）』教育出版、2009年

無着成恭編『山びこ学校』岩波書店、1995年

第 2 部

小学校社会科の授業づくりと評価

第5章

社会科の目標と内容

はじめに——社会科の本質と教科目標

　国や地域、時代によって、社会科で求められる教科内容や細かな目標は当然変わってくる。だがどの国や地域でも、いつの時代でも、社会科の変わらない役割がある。それは、民主主義社会の形成者たる市民を育成することである。社会科は民主主義体制の社会にしか存在しない。例えば、独裁国家においても地理や歴史は（場合によっては公民も）教えられる。だが、それは社会科での扱われ方とは全く違ったものとなる。独裁国家での地理・歴史（そして公民）は、国家体制にとって都合のよい社会認識や態度を子どもたちに教え込む教科と位置付けられる。だが民主主義社会に存在する社会科は、現代の社会を子どもたちが1人の自律的な市民として読み解き、評価を下し、意見を発することができるようになるための知識や能力、態度の育成が目指される。

　このような社会科の精神は、我が国の小学校学習指導要領にも反映されている。例えば冒頭での教科目標にもあるように、社会科の究極の目標は

「国際社会に生きる平和で民主的な国家・社会の形成者として必要な公民的資質」の育成にあると宣言されている。この文言は、1968（昭和43）年度の学習指導要領からほとんど変わっていないが、それはこの箇所が時代に左右されない社会科の本質を述べているからである。また、各学年の技能・表現目標にも「調べたことや考えたことを表現する力を育てる」ことが挙げられ、自分たちの意見を伝えることのできる能動的な市民の育成が宣言されている。この教科目標をスローガンで終わらせないようにしていくためには、教師1人ひとりがこの目標を達成するために、いつ、どんなことを、どんな方法で教える必要があるのかについて徹底的に考えていく必要がある。ただそのための手筈のすべてを、全く何もないところから生み出すことはかなり大変なことである。学習指導要領はそのヒントになる考え方を教師に提供する存在である。教師はまず、学習指導要領の「各学年の目標」「内容」「内容の取扱い」、そして「解説」によく目を通し、その主旨や考え方についてしっかり理解し、授業や単元計画、そして年間指導計画等の中長期的計画に具体的かつ効果的・建設的な形で生かしていけるようになる必要がある。

第1節　教科課程の全体構造

　社会科の教科目標を達成するために、小学校学習指導要領社会科は特に何が求められているのだろうか。その全体構造、「目標」「内容」から詳しくみてみよう。表1（次頁）は、現行学習指導要領社会科の各学年の「目標」と「内容」を学年別に示したものである。ここから全体構造に関しては、次の2つの特色をみることができる。

1. 同心円的拡大法

　表1の「内容」からもみられるように、我が国の学習指導要領では、学年

表1　平成20年度版小学校学習指導要領「社会」の目標と内容

【目標】

	知識・理解目標、態度目標
3・4年	(1)地域の産業や消費生活の様子、人々の健康な生活や良好な生活環境及び安全を守るための諸活動について理解できるようにし、地域社会の一員として自覚をもつようにする。 (2)地域の地理的環境、人々の生活の変化や地域の発展に尽くした先人の働きについて理解できるようにし、地域社会に対する誇りと愛情を育てるようにする。
5年	(1)我が国の国土の様子、国土の環境と国民生活との関連について理解できるようにし、環境の保全や自然災害防止の重要性について関心を深め、国土に対する愛情を育てるようにする。 (2)我が国の産業の様子、産業と国民生活との関連について理解できるようにし、我が国の産業の発展や社会の情報化の進展に関心をもつようにする。
6年	(1)国家・社会の発展に大きな働きをした先人の業績や優れた文化遺産について興味・関心と理解を深めるようにするとともに、我が国の歴史や伝統を大切にし、国を愛する心情を育てるようにする。 (2)日常生活における政治の働きと我が国の政治の考え方及びわが国と関係の深い国の生活や国際社会における我が国の役割を理解できるようにし、平和を願う日本人として世界の国々の人々と共に生きていくことが大切であることを自覚できるようにする。

【内容】

SCOPE SEQUENCE		地域の自然環境	地域の産業システム
3・4年	私たちの市町村・都道府県	(1)自分たちの住んでいる身近な地域や市(区、町、村)について、観察、調査したり白地図にまとめたりして調べ、地域の様子は場所によって違いがあることを考えるようにする。 (6)県(都、道、府)の様子について、資料を活用したり白地図にまとめたりして調べ、県(都、道、府)の特色を考えるようにする。	(2)地域の人々の生産や販売について、見学したり調査したりして調べ、それらの仕事に携わっている人々の工夫を考えるようにする。 【農業・工業・商業】
5年	私たちの国（日本）	(1)我が国の国土の自然などの様子について、地図や地球儀、資料などを活用して調べ、国土の環境が人々の生活や産業と密接な関係を持っていることを考えるようにする。	(2)我が国の農業や水産業について、調査したり地図や地球儀、資料などを活用したりして調べ、それらは国民の食料を確保する重要な役割を果たしていることや自然環境と深いかかわりをもって営まれていることを考えるようにする。 【農業・商業】 (3)我が国の工業製品について、調査したり地図や地球儀、資料などを活用したりして調べ、それらは国民生活を支える重要な役割を果たしていることを考えるようにする。【工業】 (4)我が国の情報産業や情報化した社会の様子について、調査したり資料を活用したりして調べ、情報化の進展は国民の生活に大きな影響を及ぼしていることや情報の有効な活用が大切であることを考えるようにする。【情報産業】
6年			

技能・表現目標	
(3)地域における社会的事象を観察、調査するとともに、地図や各種の具体的資料を効果的に活用し、地域社会の社会的事象の特色や相互の関連などについて考える力、調べたことや考えたことを表現する力を育てるようにする。	
(3)社会的事象を具体的に調査するとともに、地図や地球儀、統計などの各種の基礎的資料を効果的に活用し、社会的事象の意味について考える力、調べたことや考えたことを表現する力を育てるようにする。	
(3)社会的事象を具体的に調査するとともに、地図や地球儀、年表などの各種の基礎的資料を効果的に活用し、社会的事象の意味をより広い視野から考える力、調べたことや考えたことを表現する力を育てるようにする。	

地域の公共サービス	地域や日本の歴史
(3)地域の人々の生活にとって必要な飲料水、電気、ガスの確保や廃棄物の処理について、見学したり調査したりして調べ、これらの対策や事業は地域の人々の健康や良好な生活環境の維持と向上に役立っていることを考えるようにする。 (4)地域社会における災害及び事故の防止について、見学したり調査したり資料を活用したりして調べ、人々の安全を守るための関係機関の働きとそこに従事している人々や地域の人々の工夫や努力を考えるようにする。	(5)地域の人々の生活について、見学、調査したり年表にまとめたりして調べ、人々の生活の変化や人々の願い、地域の人々の生活の向上に尽くした先人の働きや苦心を考えるようにする。
(2)我が国の政治の働きについて、調査したり資料を活用したりして調べ、国民主権と関連付けて政治は国民生活の安定と向上を図るために大切な働きをしていること、現在の我が国の民主政治は日本国憲法の基本的な考え方に基づいていることを考えるようにする。 (3)世界の中の日本の役割について、調査したり地図や地球儀、資料などを活用したりして調べ、外国の人々と共に生きていくためには異なる文化や習慣を理解し合うことが大切であること、世界平和の大切さと我が国が世界において重要な役割を果たしていることを考えるようにする。	(1)我が国の歴史上の主な事象について、人物の働きや代表的な文化遺産を中心に遺跡や文化財、資料などを活用して調べ、歴史を学ぶ意味を考えるようにするとともに、自分たちの生活の歴史的背景、我が国の歴史や先人の働きについて理解と関心を深めるようにする。

出所:[東京学芸大学社会科教育学研究室編 2010:14-15]をもとに作成

が上がるにつれて「私たち（＝学習者たち）の」市町村・都道府県（3～4年生）・「私たちの」国日本（5～6年生）へと取り扱う領域が拡大する配列（sequence）となっている。また表1の「目標」にみられるように、それらの地域への理解にとどまらず、その地域への愛着や地域の一員としての自覚をもつことまで求められる。このような教科課程の配列原理を「同心円的拡大法」と呼ぶ。小学校の学習指導要領社会科は教科目標の実現に向けて、子どもたちの住む地域や国への帰属意識や、同地域での諸事象・諸課題に問題関心をもたせていくために、「子どもの住んでいる地域」の学習に大幅な時間をとるこの原理を終戦直後から長きにわたって採用し続けている。この原理は、地域の体験的な調査を低・中学年で保証することで、早期から子どもに地域社会と自己とのかかわりを実感させることができ、その後の学年段階でも身近な地域とのつながりから国家・社会を意識できるようにできるなどの利点が評価されてきた。だが近年では、その課題も指摘されている。近年の交通の発達や情報化の進展もあり、低学年の子でも他地域や外国についてかなりの知識を有し、関心も抱いている実態があるにもかかわらず、これらの取り扱いをしないのは時代錯誤ではないか、また子どもたちの住む地域や国自体、他の地域や外国とのつながりがどんどん深まってきており、子どもたちの住む地域や国を深く理解するためにも、こうした他地域や外国を無視することができないのではないか、という批判である。また心理学的な根拠がないのではないかという批判もある。これに合わせて文部科学省でも、特に外国の取り扱いについては、子どもたちの住む市町村や都道府県、国を理解するのに有効であるのなら小学校段階でも積極的に扱ってよいとした考え方に転換してきており、学習指導要領にもその点が反映されつつある。

2．社会機能法

　もう1つの学習指導要領の全体構造の特色として、中学の三分野制や高校地歴科（日本史、世界史、地理）・公民科（政治・経済、倫理、現代社会）

にみられる学問系統の枠組みではなく、自然や社会の諸機能を重視した内容編成の枠組みの原理（scope）として採用していることである。現行学習指導要領の場合、内容枠組みは大きく「地域の産業システム（農林水産業・商工業など）」と「地域の公共サービス（各種インフラ・治安維持機能など）」「地域の自然環境」「地域や日本の歴史」の４つの枠組みからなる。この原理は、昭和20年代の学習指導要領で採用された「社会機能法」と呼ばれる考え方の延長線上にある考え方である。こうした原理を採用することで、学習指導要領は、子どもたちが総合科学的・多学問的なアプローチから公共システムや各種産業について研究・考察していけるような単元や授業づくりを教師に要求している。このアプローチの特徴は、地域社会を多元的・多角的に理解し考察する可能性を広げるところにある。多様な視点から多様な意見を出し合うことは、民主主義社会において大変に重要なことであり、社会科の教科課程を支える重要な原理として長年採用されている。

第２節　各学年の目標と内容

　各学年の目標は、すべて３つから成る。このうち「目標(1)・(2)」は、知識・理解目標と態度目標が併記される形で示され、「目標(3)」は、技能・表現目標が独立して示されている。このうち「目標(1)・(2)」は、「～理解できるようにし、地域の一員として自覚を持つようにする」「～理解できるようにし、地域社会に対する誇りと愛情を育てるようにする」（３・４年生）、「～理解できるようにし……国土に対する愛情を育てるようにする」（５年生）、「～理解を深めるとともに、わが国の歴史や伝統を大切にし、国を愛する心情を育てるようにする」「～理解できるようにし平和を願う日本人として世界の国々の人々と共に生きていくことが大切であることを自覚できるようにする」（６年生）とあるように、いずれの学年でも、態度目標は、地域や国家への愛着をもたせることと、地域や国家の一員であることを自覚させることが共通して求められ、知識・理解はこうした態度形

成を保証するためのものとして位置付けられている。ただこの際、地域や国への愛情や一員としての自覚とは、あくまで「国際社会で生きる平和で民主的な国家・社会の形成者」を育成するための手段であることを意識し、自地域・自国中心的な考え方に陥らないよう配慮せねばならない。また、社会の諸事象を漠然と理解させるのではなく、子どもたちが自らの住む社会の伝統や制度の維持すべき部分と発展・修正すべき部分とを考察できるように、単元や授業を組織化していかねばならない。

　また現行の学習指導要領は、ただ受身的に教師の話を聞く授業形態に陥らないように、各学年の「目標(3)」で調査能力や分析・思考判断能力の育成が強調され、調査活動や発表活動を取り入れていくことが求められている。ただこれもあくまで「平和で民主的な国家・社会の形成者」を育成するための手段であることを忘れてはならない。つまり、事典やインターネットに記載されていたことをコピー&ペーストして発表し、感想を論じるだけに終わるのではなく、社会に意見（異見）を提言できる子どもたちの育成を目指して、単元や授業の組織化が図られていく必要がある。

1. 3・4年生の「内容」の特質

　いずれの学年においても「内容」は、「目標(1)・(2)」の理解目標を具体化した形になっている。3・4年生では、「地域の産業や消費生活の様子、人々の健康な生活や良好な生活環境及び安全を守るための諸活動」や「地域の地理的環境、人々の生活の変化や地域の発展に尽くした先人の働き」を扱う。ここでの地域は、市区町村や都道府県と行政区分を前提としているが、主題に合わせて山間地域や湾岸地域など、扱う領域を変化させてもよい。

　「内容(1)」では、自らの住む市区町村の特色のある地形、土地利用及び交通の様子などを観察・調査することが求められている。子どもたちはフィールドワークなどを通して、自らの住む市区町村の景観や農地・工場などの分布と様子、公共施設の位置や働きを把握することになる。一般的に「内容(1)」は、生活科での探検活動等の学習経験を生かしつつも、後の

「内容(2)」以降の学習につながる情報を掴んでいくことが期待されている。

「内容(2)」では、地域の特性を考慮し、「『生産』農家、工場などの中から」選択して取り上げ、「『販売』については、商店を取り上げ」ることが求められている。ここでは、見学や調査活動を通して、これらの地域の生産や販売の「仕事の特色」や「国内の他地域などとのかかわり」を理解させ、「それらの仕事に携わっている人々の工夫」を考えさせながら、「それらは自分たちの生活を支えている」ことを教えるように求められている。なおここにおいて、新たに「内容の取扱い」で「販売者の側の工夫を消費者の側の工夫と関連付けて扱う」ことが示された。この学年段階の子どもたちが、経験の未熟さから消費者側の視点に偏った考察に陥りやすいので、あえて販売者（生産者）といった他者の視点に立たせることで、多面的に地域産業をとらえることができるように配慮することを教師は求められている。少しでもよいものを安く手に入れたい消費者と、消費者に喜ばれるよいものをつくることで利益と労働への喜びを生み出そうとする販売者（生産者）、この２つの視点は、利益を求めない公共サービスと、私的利益を求めるこうした産業システムとの違いを理解する上で不可欠なので、必ず子どもたちに理解させておきたい。なお利益は、生産拡大や品質向上に活用されることに触れることで、子どもたちの認識を「利益追求＝私利私欲の追求」とした単純化に陥ることのないよう配慮する必要もある。

「内容(3)」では地域の公共サービスのうちインフラに関する部分について観察・調査することになる。「飲料水、電気、ガス」のいずれかから１つか２つ、「ごみ、下水道」からいずれかを選択して取り上げることになる。ここでは実際に公共施設を見学・調査することを通して「自分たちの生活と産業とのかかわり」を理解させ、「これらの対策や事業は計画的、協力的に進められていること」や「これらの対策や事業は地域の人々の健康な生活や良好な環境の維持と向上に役立っている」ことを教えるように求められている。またここでは、「節水や節電など資源の有効な利用」などを考察させることに加えて、対策などが「法やきまり」によって行われていることに触れるように「内容の取扱い」で新たに求められている。

「内容(4)」では地域の公共サービスのうち、安全維持機能に関しての取り扱いをする。基本的には警察や消防署を取り上げ、実際にこうした施設の見学と調査を通して、「関係機関は地域の人々と協力して、災害や事故の防止に努めている」ことや「関係の諸機関が相互に連携して、緊急に対処する体制をとっていること」など、「そこに従事している人々や地域の人々の工夫や努力」を教えるようになっている。ここでも、対策が「法やきまり」によって行われていることに触れるように「内容の取扱い」で新たに求められている。

「内容(2)～(4)」で注意したいのは、「(産業は) 自分たちの生活を支えている」「(対策や事業は) 地域の人々の健康な生活や良好な生活環境の維持と向上に役立っている」ことを当然視した授業のつくりになったり、これを教えるために都合のよい部分ばかりを取り上げたりしないことである。「民主的な国家・社会の形成者」を育成するためにも、産業や事業・政策が人々の社会生活を支え役立っている部分を探し理解しつつも、よりよいものとするためにはどうした事業や対策が必要か、しっかり考えることのできる単元や授業をつくっていけるように心がけていきたい。

「内容(5)」では、昔の道具やそれらを使っていた頃の暮らし、地域の人々が受け継いできた文化財や地域の発展に尽くした先人たちを取り上げ、「人々の生活の変化」「人々の願い」「先人の働きや苦心」を理解させるようになっている。ここでは、過去の学習を「昔のこと」で終わらせることなく、現代の理解に生かせるように心がけていきたい。

「内容(6)」では、地図を活用して47都道府県の名称と位置、私たちの県（都道府）や県（都道府）内における私たちの市区町村の位置や、主な都市の様子、さらには「自然環境、伝統や文化などの地域の資源を保護・活用している地域」の人々の生活と産業を取り上げること、そしてそうした活動を通して県の特色を考えることが求められている。なお「内容(2)」や「内容(6)」では「国内の他地域や外国とのかかわり」を取り上げるよう指摘があるが、決してここ「だけ」外国を扱うことが許されているという意味ではない。また、「内容(6)」は全体の6番目に記載されているが、必要

であれば「内容(1)」などと融合して扱ってもよいだろう。伝統文化や地域資源の保護・活用の学習や産業・公共サービスの学習では、子どもたちの住む地域と他地域とを比較考察するのも有効である。

2. 5年生の「内容」の特質

5年生では「わが国の国土の様子、国土の環境と国民生活との関連」や「わが国の産業の様子、産業と国民生活との関係」「わが国の産業の発展や社会の情報化の進展」を扱う。「内容(1)」では、地図や地球儀などを活用しながら、世界の主な大陸と海洋、国の名称と位置、日本の位置と領土、地形や気候の概要を理解させ、これに加えて自然条件（地形や気候条件）と人々の生活との関係を具体的な事例を通して教えるように求められている。また全国に広がる公害（大気汚染や水質汚濁）とその防止に向けた取り組み、国土保全などのための森林資源の働きや森林資源の育成・保護に向けた人々の工夫や努力、自然災害の防止に向けた取り組みを取り上げ、自然保護の重要性や協力の必要性を教えることが求められている。

「内容(2)」では農業・水産業を取り上げる。農業・水産業の盛んな地域を取り上げる際は、稲作のほか、野菜、果物、畜産物、水産物などの中から1つを選択するようになっている。ここでは「従事している人々の工夫や努力」に加えて、「自然環境と深いかかわり」「わが国の主な食料生産物の分布や土地利用の特色」「産地と消費地を結ぶ運輸などの働き」「食料の中には外国から輸入しているものがある」ことについても取り上げ、こうした食料生産が「国民の生活を支えている」ことを理解させるように求められている。なお「内容の取扱い」では、「価格と費用」の視点を取り入れることが新たに求められた。これは南九州＝夏野菜の促成栽培といった静的な地域認識に留まるのではなく、「なぜ南九州では夏野菜の促成栽培が行われるのか」「いつから栽培がなされるようになったのか、それはなぜか」などの問いを通して、日本の産業を構造的にとらえる視点、つまり日本の各地域の産業の特色を立地・気候、交通、制度・政策と費用・価格

との関係（「南九州は春や夏が他地域よりも早くくる気候を利用して、大都市の市場に夏野菜が出回らない時期に出荷でき高値がつくので、大都市から遠く輸送費がかかるという欠点をカバーできる」「冷蔵トラック等の開発、高速道路や空港の建設など交通網の発達でこれが可能になった」「農協による管理と指導で市場に高値で売るのが可能になる」等）からとらえる視点を保障しようとするものである。このように原因を構造的にとらえる視点は、社会の諸課題を理解したり解決したりするのにも必要な思考なため、今回重視された。

　「内容(3)」では工業を取り上げる。ここでは「従事している人々の努力と工夫」に加えて「わが国の各種の工業生産や工業地帯の分布」「工業生産を支える貿易や運輸などの働き」を取り上げ、こうした工業生産が「国民生活を支える重要な役割を果たしている」ことを理解させることになっている。ここでも「価格と費用」の扱いを重視するように「内容の取扱い」で指示されているが、理由は「内容(2)」と同じである。

　「内容(4)」では情報産業や情報化社会を扱う。情報産業としては、放送、新聞などから１つ選択して、これらの働きを理解することが求められている。また情報化社会は、「情報ネットワークを有効に活用して公共サービスの向上に努めている教育、福祉、医療、防災」などから選択して取り上げることが求められている。そしてこれらの学習を通して情報産業や情報化の進展が「国民の生活に大きな影響を及ぼしている」ことや「情報の有効な活用が大切」なことを理解させることが求められている。

3．6年生の「内容」の特質

　6年生では、「国家・社会の発展に大きな働きをした先人の業績や優れた文化遺産」や「日常生活における政治の働きとわが国の政治と考え方及びわが国と関係の深い国の生活や国際社会におけるわが国の役割」について取り扱う。「内容(1)」では、わが国の歴史においてその働きが特に大きいとされる42人が例示されている。その半数以上を政治家が占めるが、文化人（僧や画家など）も３分の１ほどあり、神話や伝承、国宝や重要文化

財など文化遺産の扱いを重視する現行学習指導要領の方針を反映している。42人を時代別にみると、近代にやや重きがあるが、古代・中世・近世もほぼ10人前後が登場するような配分となっており、人物学習を通してわが国の政治的・文化的な歩みとされるものの概要把握が目指されている。ただ全体に占める女性の割合は低くしかも文化人に限られているため、男性中心史観と批判されることがある。ただし42人は最低触れなければならない人物に過ぎず、これに新たに人物を加えることは認められている。新たに人物をどう加えるかで、こうした批判に対処したいところである。

「内容(2)」では日本国憲法や三権、地方公共団体の仕事などを扱う。ここでは「国民生活には地方公共団体や国の政治の働きが反映」することや「日本国憲法は、国家の理想、天皇の地位、国民の権利及び義務など国家や国民生活の基本を定めている」ことを扱うことが求められる。「民主的な国家・社会の形成者」の育成を意識するなら、憲法が国家（司法・立法・行政の三権）の遵守すべき根本的な約束事であり、国民は国家が憲法を遵守しているか監視する必要があること（立憲主義）を必ず押さえておきたい。

「内容(3)」はわが国と経済や文化面でつながりの深い国の人々の生活の様子や、日本の交際交流や国際協力の様子、国連の働きなどについて学び、「わが国や諸外国の伝統や文化を尊重しようとする態度」を養い、外国の人々と生きていくには異なる文化や習慣を理解し合うことが大切であることを理解させることや、教育、医療、農業などの分野でのわが国の働きが世界で重要な役割を果たしていることを理解させることが求められている。なおここでは、日本人の世界への貢献ばかりでなく、多文化的視点にも配慮し、外国人の日本社会への貢献を扱うなどの対応も期待されよう。

これら5・6年生の内容は、見学などによる直接経験が難しいものもあるが、映像などを活用したりITC活用を進めたり、博物館を利用したりすることでの対応を期待したい。また社会科の目標を意識し、社会を構造的にみたり、社会のあり方を考えていけるように、「何が」「どうなっているの」ばかりでなく、「なぜ・どうして」「どうすべき」といった問いを大切

にした授業をしていくことで、授業が百科事典やインターネットの情報を切り貼りしただけの情報交換会にならないように配慮していきたい。加えて、「(制度や産業が) 国民生活を支える」ことや「わが国が世界において重要な役割を果たしている」面を強調し過ぎて、産業や国家・社会の評価が画一的なものになったりしないよう心掛け、教師ではなく子どもたちが社会を判断できるように支援していきたいところである。

おわりに——教師の裁量権拡大と授業研究の必要性

　もちろん、学習指導要領は必ずしも完璧な存在ではないであろうし、1つひとつの教室での子どもの実態や地域の実情まで十分に配慮することは物理的に不可能であるので、その部分を教師は補っていかねばならない。特に2003 (平成15) 年に学習指導要領は、理解内容の最低枠組みであることが確認されるとともに、子どもに内容を十分に保証できない場合には「補充的な学習」を、そして子どもの興味関心や発達段階が十分である場合には「発展的な学習」を展開するという形で、取り扱う内容の領域や質、学習の到達点を、学習指導要領の定めたものを超えることができるように柔軟化された。このことは裏を返せばそれだけ教師の裁量権拡大とともに、その責任が大きくなったことを意味している。教師は社会科の本質や学習指導要領だけでなく、他の優れた教師が生み出してきたさまざまな単元や授業の計画や実践、中長期計画案などの考え方や記録についても学んでいくことが、より一層、求められているのである。

参考文献

　　東京学芸大学社会科教育学研究室編『小学校社会科教師の専門性育成』(改訂版) 教育出版、2010年

第6章 学習指導案の作成

はじめに

　学習指導案は、あなたが教師として目指す社会科授業の具現化と子どもの育成にとってなくてはならないものである。教師の十分な準備と見通しの上に、よい授業は成立するからである。

第1節　学習指導案の目的と機能

1. 学習指導案とは

　学習指導案を書く際には、自分の社会科や単元、教材、授業、子ども等についての考えを突き詰め、それらを整合した形で表現することが求められる。学習指導案は、その教師の社会科観や単元観、教材観、授業観、子ども観とそれを実現するための計画、仮説の表明であるといえる。

指導案を書くことで自分に足りないものや課題がみえてくる。よくできたと思っても、授業をしてみると計画と子どもの反応との間にズレが生じ、多くの課題に気づかされ改善を迫られることが多い。
　しかし、ここに学習指導案を書く目的があるのではないか。
　つまり、教師の意図をどのようにして子どもの学びとして実現するのか、見通しをもって授業を行うため、そして実際の授業における子どもの学びからズレをとらえ、省察して改善を図るためである。

2. 学習指導案の構成

　学習指導案は、その教師（あるいは学校）の教育観や教科観、授業観を反映したものであるから、表現形式もそれに応じてさまざまなものがある。子どもの学習活動によっても形式が違ってくる。むしろ、自らの目指す授業に応じて、指導案の形式を工夫したり創造したりすることが望ましい。
　一般的に、研究授業で配布される学習指導案は、以下のような構成が多い。

　　（1）日時、対象学年・学級、児童数、授業者
　　（2）単元名
　　（3）単元の目標
　　（4）単元観（単元の設定理由）
　　（5）児童観（児童の実態、育てたい姿）
　　（6）指導観（学習活動、指導法）
　　（7）観点別評価規準
　　（8）単元計画
　　（9）本時の指導
　　　　①本時の目標
　　　　②本時の展開（学習活動・指導上の留意点・評価）

　このような構成で表現することにより、その授業において、何を目指して、どんな子どもたちに、どのような学習活動や指導法によって学習を展開するのか、目標、内容、方法を明示することになる。

つまり、学習指導案には、その授業のもつ意味や背景となる教師の考え、指導法と予想される子どもたちの学びを明示する機能があるということである。

第2節　単元の目標設定と子どもの理解

1. 単元の目標を検討する

　単元は学習活動や学習経験、あるいは教育内容や教材のまとまりであり、各学校の教育課程における社会科の年間学習指導計画に位置付く。基本的には、学習指導要領で示された目標、内容と、その学校及び教師が育てたい子どもの姿から描かれる。
　ここでは、中学年の廃棄物の処理を事例として具体的に検討する。
　該当する学習指導要領の第3学年及び第4学年の目標をみると、理解に関する目標は「地域の産業や消費生活の様子、人々の生活や良好な生活環境及び安全を守るための諸活動について理解できるようにする」となっている。態度に関する目標は「地域社会の一員としての自覚をもつようにする」である。能力に関する目標は、「地域における社会的事象を具体的に調査するとともに、地図や各種の具体的資料を効果的に活用し、地域社会の社会的事象の特色や相互の関連などについて考える力、調べたことや考えたことを表現する力を育てるようにする」である。
　また、改訂の前提となる中央教育審議会の答申を踏まえた改善の具体的事項で、「よりよい社会の形成に参画する資質や能力の基礎を培う」ことと、「作業的、体験的な学習や問題解決的な学習を一層充実させること」が求められていることに注目したい。
　以上から、ここでは3年生の子どもたちが廃棄物の処理について作業的、体験的、問題解決的に追究することを通して、良好な生活環境を守るための諸活動について理解するとともに、子ども自身が地域社会の一員として

社会の形成に参画することを単元の目標としてとらえたい。

2. 子どもたちの実態をとらえる

単元の学習に入る前に、学級の子どもたちにゴミについて知っていることや感じていることを自由に箇条書きしてもらった。39名から1人平均6個、計226個が出された。主な内容と内訳は図1の通りである。

子どもたちは、ゴミについて不快感をもっており、大人のポイ捨てやゴミ集積所をカラスが荒らしていることを目にして問題と感じている。リサイクルや環境への関心が高いのに比べて、ゴミの分別や処理についてはあまり知っているとはいえず、ゴミの減量を意識した行動にはつながっていないことが分かる。

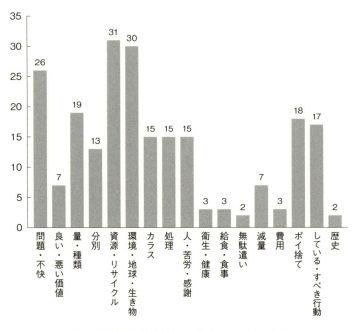

図1　学級の子どもたちのゴミについてのとらえ

出所：筆者作成

これを踏まえ、本単元ではゴミの減量（REDUCE）を意識し、それと関わらせて再使用（REUSE）や再生利用（RECYCLE）を考えていけるようにしたい。こうした学びを通して、子どもたちが自らの生活を見つめ直し、廃棄物の処理に関わる社会に参画する資質・能力を育てたい。

第3節　教材研究と活動研究

1. 教材をどうとらえるか

　「教育内容」と「教材」を区別してとらえる場合、授業で「何を」教えるかにあたるものを「教育内容」、「何で」にあたるものを「教材」とすることが多い。ここでは、「教育内容」は概念、法則、知識、技能等を指し、「教材」は教育内容を習得するための具体的な媒介物を指す。

　山田勉は、教材を「学習することによって、学習者である子どもの社会認識が主体的に形成されるものであると規定」し、教材の解釈の自由と「それを媒介としての認識発展の方向性に学習者の主体的な選択がある」ところに教材の本質があり、子どもの主体的な追究を保証することになるという［山田1987］。

　つまり、教育内容に迫る子どもの追究を重視し、子どもが追究したくなるようなもの、1人ひとりの子どもの多様な追究の実現につながるものを教材とするのである。

2. 教科書を分析する

　教科書は、法律上「教科の主たる教材」とされている。このことは、「教科書を教える」、つまり教科書を読んで要点を覚える授業を要請しているわけではない。

　各社の3・4年上の教科書を見比べてみよう。ほとんどの教科書の巻頭

に、これから始まる社会科の学習について紹介するページが用意されている。例えば、問題解決的な学習について「①"？"（はてな）を見つけよう②予想したり、調べ方を決めたりしよう③さあ、調べよう！④調べて分かったこと、考えたことを、自分の言葉で表そう⑤新しい"？"（はてな）の発見」[有田ほか2011]という単元の学習の流れが示されている。各単元の学習は、この流れに沿って展開していく。子どもたちと教師が登場し、疑問を出し、調べ、意見を交換し合いながら追究していく。問題解決的な学習のモデルを提示しているといえる。

また、教科書には単元の追究に必要な資料や、その活用の仕方に関わる学び方が学年の発達段階に即して示されている。

中学年は地域学習のため、各都道府県及び市区町村で学習指導要領や教科書の内容を踏まえて副読本を作成しており、これを活用することで地域の実態に応じた学習の展開が可能になる。

教科書や副読本を、より地域や学校、子どもたちの実態に応じた学習を具体化していく手掛かりとして活用したい。

3．事前調査で現地に出かける

ここまでは、いわば机上の作業である。これで子どもが追究したくなるような教材との出会いを実現できるだろうか。地域社会を対象とする中学年であればなおさら、教師が実際に地域に出ていって自分の目で見、人とかかわって調べることが大切である。子どもの実態と教育内容を理解した教師が、自分の頭と感覚を通して、子どもの追究意欲を生む教材を吟味検討するのである。

本単元では、東京港の中央防波堤外側埋立処分場を訪れ、子どもたちが実際に埋め立てられた場所に立って処分の様子を諸感覚を通して実感する体験が必要と考え、社会科見学を単元に位置付けることにした。

4. 学問の成果を活用する

　社会科で学習する内容は、地理学や歴史学、法学、経済学、政治学、哲学、社会学といった学問と関わるものが多い。

　廃棄物の処理に関しては、「循環型社会」という視点からエントロピー学会での議論を参照した。そこから、大量生産・大量消費・大量廃棄という社会的経済的背景を踏まえた上での法律の整備や費用負担、処理主体の問題、リサイクルのメリットとデメリット、リデュースやリユース、リペア、リースといった物質循環の考え方、目指すべき方向性等、さまざまな示唆を得ることができた。これらを踏まえて、リサイクル、リユースからリデュースへ、大量消費、大量廃棄につながる生活の見直しへという追究の方向性が見出された。これは、学習指導要領社会科の改善の基本方針にある「持続可能な社会の実現を目指すなど、公共的な事柄に自ら参画していく資質や能力を育成する」ことにも合致する。

5. 学習活動を検討する

　学習活動は、子どもたちが教材を通して教育内容に迫る際の手段、方法としてとらえられる。だが、それだけに留まるものではない。次山信男は次のようにいう。「学習活動は、子どもたちが自らの感覚、知識、能力、意欲……全力をそこに結集し、学習のねらいや教材の価値に迫り、それを自らの内に具現化し、自ら変容を遂げる場なのである」「つまり、学習活動は、単なる授業の方法様式ではなく、目標、内容、方法のすべてを個性的、統一的につつみ込んだ授業展開そのものであり、いわば授業の最前線というべきものではなかろうか」[次山1981]。

　教材や教育内容は教師の側からみたものだが、学ぶ子どもの側からみれば、授業で調べる、考える、話し合う、表現する等々のことは、すべて学習活動に含まれる。そこに子どもが全力で取り組み、自己発揮をしながら仲間と学び合い、学びを深められるようにすることが重要である。

本単元の主な学習活動として、教室のゴミの観察、ゴミの取集の様子の観察、中央防波堤外側埋立処分場及び清掃工場の見学を取り上げた。また、子どもたちからは近隣の公園のゴミ拾い、チラシ、ポスター作り等が提案された。学習活動が、単元の展開において子どもたちにとって必要感のあるものになっているかが問われる。

第4節　単元の学習過程と評価の計画

1. 単元の学習過程を構想する

　本単元は、筆者が勤務していた東京学芸大学附属世田谷小学校で、「共生社会の構築に参画する力を育てる」というテーマで構想したものである。テーマの実現に向けて、単元の学習の展開を以下のようにした。

- a　問題の発見と解決に向けた意欲・意思：問題を発見し、追究しようとする。
- b　個の調査・追究：追究の視点と方法をもち、調べる。
- c　問題意識の共有化：他と問題意識を共有する。
- d　さまざまな立場や視点からの事実認識と話し合い：自らの調べたことや考えを表現する、他の調べたことや考えを理解する。
- e　「どうなることがよいのか」の追究と「どうすることがよいのか」の実践：対立や葛藤を乗り越えようとする、追究と実践をつなげようとする。
- f　追究の意味や成果、自己の変容の確かめ：自らの追究や実践を振り返る。

　これを位置付けて、表形式にまとめたのが**表1**である。指導上の留意点を示す表内のa～fは、上記と対応している。（第5版）となっているのは、学習を進めていく中で子どもの反応を書き加え、必要な修正を行って、より子どもたちの動きに即したものにしてきたことを表す。計画をそのま

表1　社会科学習展開計画第3学年3学期「どうする？　ゴミ」(第5版)

1. 単元名　「どうする？ゴミ」
2. 単元の目標
　学校や家の周りの地域のゴミ処理の様子について、見つけたことや感じたことから問いや疑問をもち、ゴミがどのように処理されているか体験・見学を通して調べる。調べて分かったことからゴミの問題について視点をもって調べ、考えを出し合ってゴミを減らすためのよりよいあり方を追究し、実践することを通して自らのくらしを見直す。
3. 展開計画（全14時間扱い）

学習活動	指導上の留意点
私たちの生活から出るごみはどうなるのだろう	
●教室のゴミにはどんなものがあるかみてみる。① ・紙がすごく多い。 ・まだ使えそうなものがある。 ・燃えるゴミと燃えないゴミが混ざっている。 ・これではまずいのではないだろうか。 ・学校からどれぐらいゴミが出ているのだろう。 ・こんなにゴミを出して大丈夫なのだろうか。 ●教室のゴミはどこへいくのか予想する。① ・東門のところのゴミ捨て場に集める。 ・ゴミ収集車が取りにくる。 ・そこからどこへいくのだろう。 ・清掃工場へ持っていくのでは。 ・埋め立てるのではないかな。 ・清掃工場で燃やしていると思う。 ・どうしているのかみてみたい。 [社会科見学] 中央防波堤外側埋立処分場と清掃工場を見学し、ゴミがどのように処理されているか調べる。	○1人ひとりの子どもがゴミについてどんな視点をもっているか、自由記述で書いてもらい、単元の展開計画を修正するとともに、個の調査・追究がどのように展開するか予測しておく。→b ○3学期に入ってから子どもたちが出した教室のゴミをとっておく。ゴミを観察することで、自分たちの生活面の課題が浮かび上がる。→a ○月・水・金の朝8:30頃に学校のゴミを業者が収集にくるので、様子を観察し、その後どのように処理されるのか予想する。→a
ゴミをどうしていけばよいのだろうか	
●見学して考えたことをもとに、これからみんなでどのように学習を進めていけばよいか話し合う。② ○清掃工場の鈴木さんや飯田さんが言っていたように、リサイクルできる物を考えて行おう。 ・教室でリサイクルをする。 ・全校にも呼びかけて集める。 ・ペットボトル2本でマグカップができるから、集めて出したい。 ・近所の人や東深沢小、エーダンモール商店街でも呼びかけたい。 ・チラシやポスターを作ってはどうか。 ○燃えるゴミで一番多いのは紙だから、紙を無駄遣いしない。 ○生ごみを減らしたい。 ・給食を残さないようにする。 ○ゴミを減らして埋立処分場を40年より長もちさせたい。 ○何をどのようにリサイクルすればよいか考えよう。	○ゴミの最終処分地である埋立処分場と、その前の清掃工場を見学する共通体験を、問題意識や追究の方向性の共有化に生かす。特に、処理の現場で働いている方の言葉をしっかりと受け止める。→c ○「これからの学習の進め方」について考えを出し合い、関連性や重なりを板書で整理していく。そして、追究の柱を立て、単元の見通しがもてるようにする。→c
●みんなで話し合って決めたことについて、自分は何を調べ、行っていくか考えて取り組む。② ○リサイクルできる物について調べよう。 ○何をどうやって集め、どのようにリサイクルすればよいだろう。 ・サミットでペットボトルやトレイ、牛乳パックを集めていた。 ・牛乳ビンはどうしているのだろう。 ・リサイクルプラザに行って調べてくる。 ・本やインターネット、ビデオで調べてみる。 ・飯田さんに聞いてみよう。	○1人ひとりの子どもがどんな視点でどのように調査・追究するかを明らかにして取り組む。教師は必要に応じて支える。→b

- ●調べたことを発表しながら、「どうすればよいか」「どうなることがよいか」考える。⑥［本時2／6］
- ○リサイクルをどのように呼びかければよいだろうか。
  - ・どういう方法で呼びかければよいだろう。
  - ・チラシやポスターで呼びかけよう。
  - ・公園でゴミ拾いをしてみよう。
  - ・町にどんなゴミが多かったかをみて、どんなチラシやポスターにするか考えよう。
  - ・実際に行ってみて効果を確かめよう。
- ○紙のゴミは減らせるのだろうか。
  - ・気をつけて生活してみよう。
- ○給食の残量が減らせるか取り組んでみよう。
  - ・残さずに食べられるか。
  - ・生ごみで肥料が作れるか。

これからどうしていこうか

- ●追究を振り返り、これからどうしていけばよいか考えできることを行う。②
- ○リサイクルをするだけでよいのだろうか。
  - ・物の無駄遣いをしないことも大切では。
  - ・買い物には袋を持っていくようにしたい。
  - ・買い物にいった時に包みを少なくしてもらう。
  - ・あまり必要でない物を買わないようにしたい。
  - ・ゴミを減らす工夫がいろいろ出たので、自分でやってみる。
  - ・家の人にも教えて、家のゴミも減らすようにする。

- ○多様な調査活動の展開が予想されるが、「みんなで体験してみよう」「みんなで取り組もう」ということになったものについては計画に位置付けたり、時間を確保したりする。→c
- ○個々の子どもが調べたことが仲間に伝わるように、発表内容、方法について相談に乗る。また、仲間の発表の聞き方や質問の仕方に気を配る。→d
- ○互いに調べ、発表し合う中から生まれたズレや疑問を取り上げ、さらなる調査や追究への発展を支える。→e
- ○自分たちが調べ、考え、実践してきたことで、ゴミは実際に少なくなったのか、自分や家庭、地域の人たちの生活に何か変化はあったのか、子どもたちが自ら問う動きを支える。→f
- ○追究の振り返りから、さらに「みんなで実践しよう」という求めが生まれた場合には、総合学習への発展につなげる。→f

出所：筆者作成

ま子どもたちに与えることに終始しないことが大切である。

　この授業構想は、第2節で述べた単元の目標や社会科の改善の基本方針にある「持続可能な社会の実現を目指すなど、公共的な事柄に自ら参画していく資質や能力を育成」の実現につながるものである。

　最近では、社会参加を通して公民的資質を育成する「日本型サービスラーニング」が提唱され、必要条件が5点示されているが、本単元の展開と重なる部分が多く参考になる。

　（1）地域社会の課題を教材化すること
　（2）プロジェクト型の学習を組織すること（Ⅰ．問題把握→Ⅱ．問題分析→Ⅲ．意思決定→Ⅳ．提案・参加）
　（3）振り返りを重視すること
　（4）学問的な知識・技能を習得、活用する場面を設定すること
　（5）地域住民との協働を重視すること　［唐木2008］

　指導案の作成に際してこうした研究や実践を参照しつつ、よりよい授業を構想することが大切である。

2. 評価計画を位置付ける

　学校教育法及び学習指導要領の総則を踏まえ、指導要録の学習状況の評価として、社会科においては「社会的事象への関心・意欲・態度」「社会的な思考・判断・表現」「観察・資料活用の技能」「社会的事象についての知識・理解」の4つの観点が示されている。
　各単元においては、目標に照らして上記の4観点の評価規準を作成する。「どうする？　ゴミ」の単元における評価規準は、**表2**のようになる。
　単元の学習展開のどこで、どんな方法でこれらの観点の評価を行うかを考えておくことが必要である。日常の授業における評価方法としてよく用いられるのは、ノートや作品、発言、観察等である。これらの評価を、授業の改善につなげる指導と評価の一体化が求められている。

表2　単元の評価規準

観点	社会的事象への関心・意欲・態度	社会的な思考・判断・表現	観察・資料活用の技能	社会的事象についての知識・理解
評価規準	地域の人々の生活に欠かせないゴミの処理について関心をもち、ゴミの減量のためにできることをしようとしている。	ゴミの問題についてどうすればよいか考え、考えたことを相手に伝わるように表現している。	ゴミの処理の事業を観察・見学したり、ゴミを減らす方法について調べたりしている。	ゴミ処理の事業が計画的・協力的に行われていることで、地域の人々の生活環境が維持されていることを理解している。

出所：筆者作成

第5節　本時案の作成

1. 本時案に何を表現するか

　本時案は、本時の目標に向けた問題の追究を子どもたちがどのように展開するかを予想し、教師としてどのようにかかわるかを仮説として表現したものである。本時の展開は、表形式で「児童の活動（主な学習活動・児

3年1組　社会科社会科学習指導案・座席表

<本時の目標>
リサイクルの呼びかけについて、ゴミ拾いの体験を通して感じたこと、気付いたことや調べたこと、気になったことを出し合って、これからどうしていけばよいか考えることができる。

21　ゴチ 「ばっちり!」リサイクルのアイデアを紹介する出を期待。	38　ゴチポ通 前時の提案をどう発展させて提示するか楽しみ。
5　ゴチ 提案してゴミ拾い実現。チラシの中身をどう考えるか。	3　ゴチ ポイ捨てとゴミが少なくなるためにどうしようと考えるか。

35　ゴポ 先週欠席。ゴミ拾いから次へどうつなげるか。	30　ゴポ ゴミ拾いでの発見を呼びかけにどうつなげるか。
16　ゴチ 「リサイクルしよう!」の中身の具体化ができるか。	11　ゴチ新 活動と呼びかけの中身をつなげられるか。

24　ゴチ リサイクル方法を調べている。チャンスがあれば提示。	31　ゴチ 前時に呼びかけ内容を構想。出を促してみたい。
7　ゴチ ゴミ拾いの活動からチラシの中身につなげられるか。	12　ゴチ チラシの中身にかかわる考えがもてるか。

34　ゴポ 「ポスターにもかかわらずゴミ」の問題投げかけるか。	20　ゴチ 前時に方法別の進め方を提案。再提案するだろう。
23　チ ゴミ拾いで考えを深める。どの方向に進めていくか。	13　ゴチ 活動での発見をチラシの中身とつなげて考えられるか。

32　チ ゴミ拾いをリサイクルの呼びかけにつなげられるか。	2　ポ 前時ゴミ拾い欠席。自分たちの力で何とかしようとするか。	36　チ ゴミ拾いからリサイクルのイメージがふくらむ。発言を。	4　ポ ゴミ拾い欠席。話し合いからポスターの構想をもてるか。

<予想される本時の展開>

1. 水曜日の昼にゴミ拾いをしてどうだったか話し合う。
- ・タバコのポイ捨てがとても多かった。
  - → どうしてポイ捨てなどするのか。ゴミを気にしない人たちがいる。ゴミ拾いをしていれば少しは気を付けるのでは。
- ・お菓子の袋も。意外な物があった。→ どう始末しようか?
- ・リサイクルできる物はあっただろうか。
  - → 空きカンやペットボトルなどがあった。これをどうリサイクルしようか? → どのようにリサイクルされるのかな? パンフレットに出ていたよ。調べたよ。〔24〕
    - → 学校にリサイクルボックスを作る。
    - → スーパーやコンビニに持っていく〔5〕

2. 「これからどうしていこうか」について考え合う。
- ・リサイクルの呼びかけをしていこう。前の時間に、3人〔38,10,20〕からの提案があったね。
  - → 3ステップで進める〔38〕
  - → 新しい提案もあるのかな。→ リサイクルのアイデアを知らせよう。〔21,22〕
  - → 方法ごとに分かれて考え、実行する〔20〕それぞれが調べ、考えて実行すればいい〔34〕
  - → 全部いっしょにできる〔10〕
- ・でも、その前に考えなくていいのかな? 全部やると紙のむだになるのでは?〔8〕 ↔ 心を込めて丁寧に書けば。またリサイクルしてもらうように。紙をむだにしない方法は?
- → 東深沢小学校の4年生がポスターを貼っていたのに、ゴミが落ちていた〔34,28〕 → 見ていないのでは。気にしない人がいるのでは。目立つように、心を込めて書けば。声をかけないと〔23〕ゴミ拾いをしていれば気付いてもらえる〔21〕
- ・次の時間はどうしようか? 何ができそうか考えよう。今日出された方法に取り組んでみよう。作品は一人一人が下書きをしてみようか。

3. 学習感想を書く。

［指導上の留意点］

- 普段発言の少ない子どもが、できるだけ優先的にゴミ拾いの体験をして感じたこと気付いたことを発表できるようにしたい。
- 「まずゴミ拾い」をすることになったのは、これがねらいであるので、このことをふまえた話し合いが展開できるように声をかける。
- 資料や友だちの調べをもとに捉えられるようにしたい。
- 子どもたちはゴミ拾いの体験をふまえ、「これからどうしていこうか」という共通の問題意識に基づき話し合いを展開していくだろう。板書でみんなが意識できるようにする。
- 話し合いが「グループごとに考えて実行」にすぐにいきそうになったら、8の考えや34、28の気付きでゆさぶりたい。彼らが自分から出なければ、学習感想への注目や発言の促しをする。
- この時間に解決しないものには、板書に赤で?をつけておく。また、話し合いの展開や時間の都合で、次時の追究の方向が絞れない場合には、5、12、23、36、40らの学習感想に期待する。

26　チ 「リサイクル&ゴミを捨てない」をどうチラシに生かすか。	39　ゴチ新 新聞について聞く。次にどう動くか見守る。
6　ゴチ 話し合いからリサイクルできる物を見出せるか。	18　ゴチ 前時に20の提案を支持。この方向で出てくるか。

25　HP ゴミ拾いでの発見をどう次につなげるか。	37　ゴチ ゴミ拾いに意欲。チラシの中身をどう考えるか。
8　ゴチ 全部やると紙のむだと考える。出て話し合いのゆさぶりを。	10　ゴ屋台風 前時の構想をどう深めて提案するか期待。

40　ゴ ゴミ拾いをふまえて次の方向をどう考えるか。	27　ゴチ ゴミ拾いで「すっきり」から、次の方向を見出してほしい。
15　ゴチポ新 ゴミ拾い欠席。呼びかける中身をイメージできるか。	17　ゴチポ これからの進め方を提案か。じっくり聞いて考えを。

14　ゴチ 自分の実践として考えた。人にどう伝ようとするか。	22　ゴチ 調べたリサイクルのアイデア紹介を出すか。
9　ゴチ 実践や気持ち、自分からの大切さという考えを確かなものに。	28　チ ポスターがあってもゴミが落ちていたことをどう考えるか。

33　ゴチ 本日欠席	1　ゴチポ新 ゴミ拾いの満足から次の方向性をどう見出すか期待。	29　ゴポ リサイクルの呼びかけをどう構想するか。

*座席表の記号は方法を表す
ゴ…ゴミ拾い　新…新聞　チ…チラシ、広告
通…通信　ポ…ポスター　HP…ホームページ

<本時の評価>
・ゴミ拾いの体験や調べたことをふまえて発言できたか。　・リサイクルの呼びかけについて、「これからどうしていくか」　考えをもつことができたか。

図2　本時案

出所：筆者作成

童の反応、内容等)」と「教師の指導・支援(発問、留意点、教材、評価等)」に分け、「つかむ」「調べる」「考える」「まとめる」「深める」といった過程に沿って表現するものが多い。

　ここでは、1人ひとりの子どもの追究の視点が生きる授業を目指した座席表型の本時案を示す(図2参照)。1人ひとりの子ども理解に基づく本時での動きの予想や教師の願いを座席表に書き込み、本時の問題の追究がどのように展開するか、それを教師がどう支えるかを仮説として表現したものである。本時の展開の2では、前時に3人の子どもが提案した考えを教材に、全員で検討することが中心的な学習活動となっている。

2. ズレを省察し授業を評価・改善する

　座席表型の指導案は、個々の子どもの動きと全体の追究の流れを予想するので、授業におけるズレがとらえやすい。本時では、主に話し合いの展開についてと、子どもの動きについてのズレが明らかになった。これらについて省察することで、一歩ずつ子ども1人ひとりの理解を確かなものにし、個が生きる授業に向けて改善していくことができる。

おわりに

　学習指導案には、教師の力量が表現される。質の高い学習指導案は、子どもが生き、育つ授業につながる。目指す授業の実現に向けた学習指導案を開発・作成し続けていきたい。

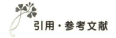

引用・参考文献

　有田和正ほか『小学社会 3・4下』教育出版、2011年

唐木清志『子どもの社会参加と社会科教育――日本型サービス・ラーニングの構想』東洋館出版社、2008年

エントロピー学会編『循環型社会を創る――技術・経済・政策の展望』藤原書店、2003年

エントロピー学会編『「循環型社会」を問う――生命・技術・経済』藤原書店、2001年

山田勉『教える授業から育てる授業へ――学習主体性論の展開』(新装版)黎明書房、1987年

大森照夫ほか編『社会科教育指導用語辞典』教育出版、1986年

次山信男『子どもの追究力と学習活動――社会科授業の実際とその論理』東洋館出版社、1981年

上田薫、静岡市立安東小学校『ひとりひとりを生かす授業――カルテと座席表』明治図書出版、1970年

全国小学校社会科研究協議会研究大会「東京大会 研究紀要」2013年

第7章

3年生の実践事例
「わたしたちのくらしと販売の仕事」

はじめに

　小学校中学年の社会科は、社会科の導入期と位置付けられている。この時期の児童は、自分が生活する地域の人々や物、社会で起きている出来事などに対しての興味・関心が旺盛である一方、それらがいかに自分たちの生活と関連付いているものかについて考えることはまだ十分であるとはいえない。中学年の社会科学習を構想する際、自分たちの生活と社会とのかかわりについて見学や調査などの直接体験を通して考えさせると共に、児童の社会に対する素朴な疑問をくみ取りながら学習活動に反映させていく姿勢を、授業者は大切にしていきたい。

第1節　単元の概要

1. 本単元の特色

（1）単元の構想

　小学校第3・4学年における社会科学習の内容は、地域社会の社会的事象を中心に取り扱う。そのことを踏まえ、授業者は、児童の生活体験に即した学習課題の設定を行うことで、社会科の中心的な目標である「社会生活の理解」を図ることができる単元計画の作成にあたる必要があるだろう。

　消費者は買い物をする際、価格や品質、生産された原産地や商品のブランドなど、多岐にわたる内容を取捨選択しながら1つの品物を購入している。品質はそれほど高くなくても安価で大量に買える物を求める消費者もいれば、価格が少し高くても高品質な品物を求める消費者もいよう。このように、消費者と一言にいっても商品を購入する際に重視するポイントは多様であり、小売店は消費者のニーズに応えようとさまざまな場所から商品を買い付けたり、表示や価格設定などを工夫したりしながらさまざまな努力を重ねて商品を販売している。本単元は、消費者側・販売者側それぞれを個別のものとして理解するだけでは学習が真に深まったとはいえない。消費者と販売者双方の考え方が相互作用的に働いていることを調査などから児童がつかめる学習展開の構想が必要である。

　そこで、本単元では「カレーづくり」をクラスで行うという活動を単元計画の中で位置付けることで、カレーづくりのために児童が必然性をもって買い物調べができるようにした。また、買い物調べやスーパーマーケット見学から分かったこと、クラスの話し合いで考えたことをカレーの材料を購入する場面で実際に活用・実践することで、消費者と販売者双方の視点を意識し、ひいては「よりよい社会の形成に参画する資質や能力の基礎を培う」ことができるよう本単元を設定した。

（2）本単元の学習指導要領上の位置付け

　本単元の内容は「(2)地域の人々の生産や販売」に位置付き、単元作成にあたって下記の２つの視点が求められる。なお、本単元は下記の内容の「販売」を中心に取り扱う設定で単元を作成している。

　　ア．地域には生産や販売に関する仕事があり、それらは自分たちの生活を支えていること。
　　イ．地域の人々の生産や販売にみられる仕事の特色及び国内の他地域などとのかかわり

　「ア．」では、自分たちの生活を支える仕事として地域には生産や販売の仕事があることを学習するために、身近な地域の生産や販売に関する仕事の種類や分布を取り上げ、白地図などを活用して具体的に調べることを対象としている。例えば、日常生活に必要な商品を販売するスーパーマーケットなどで働く人たちの仕事を取り上げることが考えられるが、児童が調べる際、実際にまちたんけんに出かけて地域のお店を調べていきたい。また、その結果をカラーシールなどで色分けをしてさまざまなお店や仕事があることを児童が視覚的に理解できるような工夫を心がけながら単元を作成していきたい。
　「イ．」では、地域の販売の仕事として商店（学校が置かれている実態に応じてデパートやスーパーマーケットなど）を取り上げ、販売者側の工夫を消費者側の思いや願いと関連付けて取り扱ったり、商品の仕入先などから国内の他地域や外国とのつながりがあったりすることを押さえる。特に、商品の仕入れ先については、その後の生産に関する学習を進めていく際に販売と生産を関連付ける視点となるので重視したい視点である。

第2節 単元計画作成のポイント

1. 指導内容

　販売の仕事の学習活動を構想する際、授業者は近年の小売業における業態変化や消費者のニーズの変化などについて文献やインターネット、テレビなどの情報ドキュメンタリー番組などを通して最新の情報を入手して単元計画を作成していきたい。

　本単元では、自分たちの生活を支える販売の仕事、特にスーパーマーケットなど食料品などを販売する仕事を取り上げ、多岐にわたる消費者のニーズに応えようとする販売の仕事に携わる人たちの工夫について調べていく。その過程の中で、まずは消費者側の視点として「品質」「価格」「生産地」などといった物を購入する時に重視する視点や、「商店」「スーパーマーケット」「ネットスーパー」など生活実態に合わせてどこで品物を買うかなど、家族の買い物の様子を調査から児童がつかんでいくことで消費者の多様なニーズや考え方があることを押さえていきたい。

　また、販売者側の視点として、消費者のニーズに合わせた品揃えや品質管理、価格設定や流通管理などといった販売者側のさまざまな工夫や努力が行われていることを押さえたい。そして、自分たちの生活がたくさんの人・地域によって支えられていることをスーパーマーケット見学などの活動を通して児童が実際にみたり、お店の人へのインタビューなどから感じ取ったりしながらつかませたい。

2. 教材及び学習活動の工夫

　本単元は、児童が家庭での買い物の様子を調べたり、実際に自分たちで買い物を体験したりすることを通して、学習を展開していくことを想定している。

各家庭の買い物の様子を調べる際に配慮したいことは、児童の買い物に関する体験は多種多様であることを授業者は念頭に入れておきたい。筆者が担任する学級では、定期的に保護者と一緒に買い物へいく経験がある児童は全体の85％程度であった。一方で、両親が共働きであったり、小さな兄弟がいるために買い物へなかなか出かけられなかったりするなどの理由により、インターネットを活用してネットスーパーで品物を注文して重い荷物を玄関まで届けてもらうサービスを経験している児童も少なくなく、買い物の様相も様変わりしてきている。まず単元を作成する上で授業者は、児童の実態把握をすることで扱う内容を取捨選択していくことが求められよう。また、一言で買い物といっても先述のとおり児童それぞれの買い物の体験は多様であり、この多様性を活用して、さまざまな買い物の仕方を活動の中で話し合ったり、意見を出し合ったりすることで、社会の中には多様な考え方があるということに気づくきっかけになるような単元構成にしていく必要がある。加えて、学習して分かったこと、考えたことを実際に実践できる機会の確保にも努めたい。特に、3・4年の社会科学習は地域を題材にして学習が展開されるので、調査に出かけることは比較的容易にできよう。消費者側の視点、販売者側の視点を理解した上で、今度は児童が消費者になって買い物に出かける活動を取り入れるなど、学習したことを実践できる単元計画を作成することによって児童の「社会生活に関する理解」が深められ、ひいては公民的資質の育成につながっていくと考える。このような考えに立って、次項のような単元指導計画を作成した。

第3節　単元指導計画の目標と内容

（1）目　標

社会的事象への関心・意欲・態度
買い物調べに意欲的に取り組み、消費者の買い物に対する思いや願いに

ついて関心を深めるとともに、販売に携わる人々の工夫について主体的に調べようとする。

社会的な思考・判断・表現

見学や調査を通して、販売に携わる人々は消費者に品物を販売するためにさまざまな工夫や努力をしていることを考え、自分の言葉や方法で表現することができる。

観察・資料活用の技能

見学や取材をもとに調べ、そこで分かったことを比較し、それぞれの内容や意味を明確にすることができる。

社会的事象についての知識・理解

販売に携わる人々はさまざまな工夫や努力をして仕事をしていることと、商品を通じて自分たちの生活が他地域とも結びついていることを理解する。

(2) 学習指導計画（全15時間扱い）

次	学習の流れと主な学習活動	評価の観点・方法
1	ふだんの買い物の経験を発表しよう② ・これまでの自分たちの買い物の経験を発表することを通して、人によって買い物の仕方や様子が違うことに気づき、買い物に対して興味をもつ。	【観点】 関心・意欲・態度 【評価方法】 発言 学習シートへの記入
2	家の人たちの買い物の様子を調べよう② ・家の人たちの買い物の様子を通して、自分の家の買い物の仕方を知る。 ・カレーづくりのための食材を取り上げ、「購入した場所」「その場で購入した理由」「価格」を調べ、分かったことを表にまとめる。	【観点】 思考・判断・表現 知識・理解 【評価方法】 表への記入
3	調べた結果から買い物をする時に家の人たちが気をつけているポイントを見つけよう① ・買い物調べで分かったことをグラフや表にまとめ、価格や賞味期限だけでなく、鮮度や原材料など色々なことを考えて商品を買っていることを資料から読み取り、自分の買い物の仕方を見直す。	【観点】 思考・判断・表現 【評価方法】 学習シートへの記入 発言・行動観察

4	スーパーマーケットへ見学にいこう⑤ ・買い物調べから考えた「消費者が商品を購入する際に注目する視点」を中心に、「販売側が取り組む商品販売のための工夫や努力」についてスーパーマーケットへ見学に行き、調査する。 ・商品が多様な場所から入荷されていること、品質管理などはITを活用して管理されていることなど、見学やインタビューを通してわかったことを話し合い、学習シートや模造紙などにまとめる。	【観点】 知識・理解 【評価方法】 行動観察 学習シートへの記入
5	学習したことを生かして買い物名人になろう⑤ ・これまで学習してきた買い物に関する消費者側の視点とそれに応えようとする販売者側の工夫や努力の双方を考えながら、カレーづくりのための買い物を計画し、実際に買い物を行う。 ・買い物をした時に気をつけたポイントやそれに応えるお店の工夫の様子を新聞記事にして学習のまとめを行う。	【観点】 思考・判断・表現 技能 知識・理解 【評価方法】 買い物新聞 発言・行動観察 ノート

※丸数字は予定時数を表す。

第4節　学習指導のポイントと授業の山場

1. 学習指導のポイント

（1）学習問題の設定

　学習問題の設定では、唐突に学習課題を教師側が設定して児童に提示するのではなく、児童の普段の生活の中から興味や疑問をもっていると考えられる内容から課題を引き出し、児童が生活経験に即して考えることができるものを設定していきたい。その際、「小売り」や「流通」といったような児童がおよそ使わない言葉を使って学習問題を設定するのではなく、「ふだんの買い物の経験を発表しよう」など、児童の言葉で学習問題を設定することが必要である。

（2）調査活動の充実と活用

　調査活動については、児童にとってその調査をする必然性ある調査活動にしていきたい。例えば、ただ漠然と家庭の買い物の様子を調べるだけで

は、消費者が買い物をする時に考慮している視点を児童が調査から読み取ったり、考えたりすることは難しい。本単元でいえば、「カレーづくりをする」という目的のもと、買い物をする時に家の人が何に注意しているかについて、第２次で「購入した場所」・「価格」・「そこで購入した理由」の３視点に絞って調査することが明確になるよう配慮されている。「カレーづくり」という目的を達成するためには、買い物の様子をしっかりと調査してくることが必要になってくる。また、調査の視点を明確にすることで、児童は調査から考える内容が整理され、調査結果をクラスで発表する際、共通の話題として児童同士が買い物の様子について話し合うことが可能になると考える。

（３）児童が意欲的に活動する学習づくり

実際の学習場面では、児童が主体的に学習課題に取り組み、自分の考えを発表したり、友達の意見を聞いて自分の考えを見つめ直したりすることができるようにしていきたい。児童が意欲的に学習へ参加するためには、自分が思ったこと、考えたことが言える学級の雰囲気が必要不可欠になる。教師の一問一答による授業構成では、知識量が豊富な児童が主として発言を行い、どの児童も学習に参加している授業とはいい難い。また、知識・理解面に偏重した授業構成では、自分の考えを発表したり、友達の意見に関連付けさせて自分の考えを広げたりするような活動が成立しづらい。児童が自信をもって自分の考えをクラスへ向けて話したり、友達の意見から自分の考えを見つめ直したりするためには、まず児童１人ひとりが自分の考えや意見をもつことが大切である。そのため、本単元では自分が調べたことを発表することで誰もが意欲的に発言できる場面を設定した。

2．授業の山場

授業の山場として第３次・第５時は以下の通り設定し、展開した。

（1）本時の目標

　調べた結果をもとに自分が考える「買い物名人になるためのポイント」を発表し、友達の意見や保護者アンケートの結果から自分の考えを見直し、新たな「買い物名人になるためのポイント」を考えることができる。

【思考・判断・表現】

（2）本時の学習指導案

○学習活動　・児童の主な反応	◎指導上の留意点　☆評価
○前時までの活動を振り返り、お家の人が食材を買っている場所について確認をする。 ・スーパーマーケット（赤） ・商店（青） ・食材宅配業者（黄） ・コンビニエンスストア（緑）	◎前時までにまとめたことを振り返り、学習問題を確認する。 ◎「カレールウの価格のグラフ」の中に貼られているシールの色の意味を確認する。
調べた結果から買い物をする時に家の人たちが気をつけているポイントを見つけよう	
○それぞれの食材をその場所で買った理由についてワークシートをもとに発表し、理由を整理する 〈スーパーマーケット〉 ・新鮮な食材がいつもあるから。 ・ポイントサービスがあるから。 ・1カ所ですべてのものがそろうから。 〈商店〉 ・新鮮でおいしい野菜を売っているから。 ・いつも買うお店で、お店の人と顔なじみだから。おまけをしてくれるから。 〈コンビニエンスストア〉 ・24時間営業している。 ・食べ物だけでなく、電球などたくさんの種類の品物がある。 〈食材宅配業者〉 ・重い荷物を家まで運んでくれるから。 ・いつでも注文ができるから。	◎児童が発表した内容をスーパーマーケットや商店など、業態ごとにまとめることで児童が必要な情報をとりやすいようにする。 ◎買い物調べを行った際に記述した「その場所で買った理由」以外に新たな理由を児童が発言しようとする場合、積極的に意見を取り上げていく。 ◎「安さ」という発言が出てきた場合は、前時でまとめたグラフを取り上げながら全体の結果との比較を行い、安さだけで品物を買っていない実態をおさえ、消費者の多様なニーズについて考えられるよう助言する。
○グラフをもとに自分たちの買い物調べの経験から、「買い物名人」になるためのポイントをプリントに記入し、発表する。 ・賞味期限をみてから買い物をするといいよ。 ・同じ値段だったら、量の多いものを買う方がいいよ。 ・安売りをしている場所をしっかりと分かってから買う方がいいよ。 ・車で行けたり、家から近かったりするなど、便利なところがいいよ。	◎自分たちが買い物調べをした時に値段以外で気をつけたことを中心に考えるよう助言する。また、買い物調べをした時、家の人の買い物の様子を振り返りながら考えるよう助言する。 ◎自分が書いていないポイントを中心にワークシートに記入するよう指示する。

○保護者アンケートの結果をもとに、自分たちが発表した買い物名人のポイントを見直し、自分に足りない視点を見つける。 ・産地をしっかりと見ることが大切だね。 ・賞味期限など、食材の新鮮さはチェックしないといけないね。 ・旬のものを選ぶと値段が安くなることがあるんだね。 ・やっぱり、値段を気にしてお母さんたちは選んでいるね。 ・買いすぎないというのは、これからのカレーづくりに役立つね。 ・食材の中に含まれているものもチェックしないといけないね。	☆事前に保護者へ買い物をする時に気をつけていることを尋ねたアンケートの結果を児童へ提示し、友達の意見や、事前に保護者へ買い物をする時に気をつけていることを尋ねたアンケートの結果をもとに「買い物名人」に対する自分の考えを見直し、新たな「買い物名人になるためのポイント」を考えることができたか。 【思考・判断・表現】(ワークシート)
○本時の学習を振り返り、次時の活動内容を知る。 ・ただ安いところで買っていると思ったけれど、鮮度のことや材料のことなど、色々なことを考えて買っていることが分かった。 ・買い物名人になるためには、ただ安いだけではいけないということが分かった。 ・予算の中でカレーをつくるためには、値段も大切だけど、材料の質も気をつけないといけないと思った。 ・買う時に大切にしていることが人それぞれ違うから、買った値段にも差が付いたと思った。	◎自分が最初に書いたことポイントと保護者の視点を比較して、自分の考えの変容を中心に本時の振り返りを書くように指示する。

(3) 授業の展開

　前時では、児童が調べた買い物調べの結果をもとに、商品ごとに価格と購入した場所の関係をまとめるため下のようなグラフを児童と共に作成した。縦軸は価格を置き、横軸は児童の出席番号順に商品を購入した場所をシールで色分けして貼るようにした。例えば、カレールウと一言でいっても多種多様な商品が売られているため、単純に購入した場所による価格比較ができない。そこで、誰が調べてきた内容なのかを把握することで「価格の安い・高い」が商品によるものなのかを見極めるため、出席番号順にシールを貼っていった。

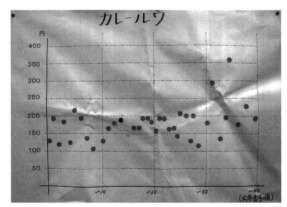

　児童はグラフのシールの

色から、①スーパーマーケットで購入する人が一番多く、その他にも商店やコンビニエンスストア、生協などの食材宅配業者を利用して商品を購入していること、②同一商品のカレールウでもお店の業態によって価格に差があったこと、③安さだけでなく、高くてもその商品を購入しようと思う気持ちが買う側にはあるのではないか、ということを考え、発言した。また、児童の中には、「安さ＝その商品を購入する最大の理由」ととらえている児童が多くいた。実際に商品を購入する際、消費者は価格だけでなく、産地や鮮度、原材料などさまざまなことを考慮に入れながら購入する商品を決定している。そこで本時では、③の課題に取り組むことを通して、消費者が商品を購入する際に重視している点について探究し、次時以降の「消費者のニーズに応えようとする販売者側の工夫や努力」を見つめる視点に結びつけるという意図をもって学習を展開した。

　本時ではまず、前時で作成したグラフの内容から、児童の多くの家では「スーパーマーケット」「商店」「食材宅配業者」「コンビニエンスストア」から主に食材を購入していることを確認した。その上で、カレーづくりを成功させるために、買い物をする時に自分たちが気をつけなければならないことを「買い物名人」という言葉に置き換え、グラフに貼られたシールの色や自分たちが調べて分かったことをもとに考えてみようと投げかけた。児童は、グラフから「安売りをしている場所を見極めて買う場所を決めている」「商品の内容量が多く、値段も安くなっているものを買う」というように、消費者は価格面を重視した購入方法をとっていると読み取った。そこで、児童は自分たちの考えと保護者アンケート結果との比較を行った。アンケート結果には、児童がグラフから読み取って考えた「価格」や「量」の他に、「産地」「鮮度」「旬の物」「賞味期限」「買いすぎないこと」「原材料」などの視点も保護者は大切にしていることが書かれている。アンケート結果を通して、児童は商品を購入する時は「安さ」だけでなく、多種多様な考えをもとに消費者は商品を選択して購入していることを資料から気づく様子がみられた。

　まとめでは、買い物調べを通してこれまで自分が考えた「買い物名人」

になるためのポイントと、本時で読み取った新しい「買い物名人」のポイントとを比較しながら、学習の振り返りを書いた。児童は振り返りの中で、「自分の心の中で安い物が意外と高かったりしたのでびっくりした。意外と（同じ品物でも）スーパーマーケットのものが高くて、コンビニがやすかったりしたこともあってびっくりした」、「自分が買った時は、（その品物を買う）理由は少なかったけれど、（みんなの意見を）まとめてみたら（理由が）たくさんあってびっくりした」、「（一番重視していることは）賞味期限や値段だと思っていたけれど、資料をみたら産地や新鮮さだったことに気づいた」など、児童がこれまでの生活体験の中で考えていたことが調査結果によって覆され、新たな視点が加わる様子がみられた。また、「次からは、安いなどじゃなくて新鮮さや旬なものを考えて買い物をしていきたい」、「買い物名人になるためのポイントについて考えました。私は家から近い、新鮮なものを選んでいるだけかと思いましたが、お母さんたちは色々なことを考えて食事をつくってくれていることに気づきました」、「買い物名人は、（買う時にみるポイントを）1つだけでなく、たくさんのことを考えて買ってくれていた」といった感想から、友達の発言や資料を通して、新たな自分の考えが生まれる様相もみることができた。

おわりに

　本章では、社会と自分たちの生活とのかかわりを見学や調査といった直接体験を通して考える学習活動について紹介した。児童による主体的な学習を展開するためには、児童にとって必然性のある学習課題が単元の中で設定される必要がある。そのためには、児童の思いや願いに寄り添い、児童の実態に即しながら授業者が教材開発や単元計画を行うことが大切である。そのためにも、社会科教師は常に社会の動向に目を光らせると同時に、児童や地域の実態を丁寧に分析することで、児童にとって必然性のある学習課題を見出していくことが必要であろう。

【付記】

　この章は、拙稿「わたしたちのくらしと販売の仕事」東京学芸大学附属竹早幼稚園・小学校・中学校『平成24年度　東京学芸大学附属竹早幼稚園・小学校・中学校研究紀要　主体性を育む幼・小・中連携の教育——連携カリキュラムの提案』pp. 85〜92をもとに加筆・修正を加え作成した。

5年生の実践事例
「この魚が私たちのもとに届くまで」

はじめに

　本実践は、教師が出会った「人」の仕事を丁寧に調べ見つめていくことを通して、子ども1人ひとりの実感的な理解や具体的な思考を目指した水産業の学習である。単元を構想するにあたっては、教師が実際に事例地へと足を運び、教材研究を進めることを大切にした。本章では、5年生の学習内容として近年取り上げられた「価格と費用」の部分に重点をおいて、その取り組みを紹介することにしたい。

第1節　単元の概要

　一般的に、5年生の社会科は中学年社会科に比べ学習内容の範囲が国内各地に広がっているため、地域に根ざした教材研究が難しく、教科書・資料集等を教師が提示して読み進めていくことが多くなる傾向がある。もち

ろん教科書等を活用することに問題があるわけではないが、教科書・資料集に書かれた学習内容を、ともするとそのまま読み取らせるだけの授業に陥ってしまうことも少なくない。

　そのような教科書等の読解という形式化された授業が展開される教室では、子どもたちが主体的に学んでいく姿を期待しにくいことが容易に想像されよう。5年生の社会科学習は、教師自身の教材研究を進めることが難しい傾向にあるため、子どもも実感的に学ぶことが難しいという状況が認められる。

　また、現行学習指導要領への改訂において、5年生では食料生産や工業生産の学習で「価格や費用」を取り上げることが、内容の取り扱いで新たに示されている。

学習指導要領

第2章　各教科　第2節　社会
〔第5学年〕
2　内容
（2）ウ　食料生産に従事している人々の工夫や努力、生産地と消費地
　　　　を結ぶ運輸などの働き

内容の取り扱い
　　内容の(2)のウ及び(3)のウにかかわって、価格や費用、交通網について
　　取り扱うものとする。

　これは、金融・経済的な視点が社会科の学習内容に取り上げられてきていることを意味している。金融・経済的な視点は子どもが現実社会を見つめる視点の1つとして重要である。しかしまだまだ実践の積み上げが少なく、「価格や費用」を子どもが実感的にとらえることができるための授業のあり方について、さらなる授業開発が待たれるところでもある。

　そこで、本実践ではそれらの課題を視野に入れ、子どもが自分とのかかわりを意識しながら具体的に学ぶことができる教材を選択し、教師の現地調査による教材研究をもとに単元を構想して、子どもが実感的に学ぶことができる授業を創りあげることを目指すこととした。

第2節　単元計画作成のポイント

1. 学びの価値と子どもの経験との重なりを吟味し、教材を選定する

　本単元では、「とる漁業」の事例として静岡県下田漁港におけるキンメダイ漁を扱っている。教科書等の事例ではなく、あえてキンメダイ漁に着目するのは、次の3つの理由からである。

　第一に、子どもと教材とのつながりが学習を進める中で深まっていくと判断したためである。9月実施の本単元であるが、本校の子どもたちは伊豆半島の子浦にて宿泊体験学習を計画しており、その活動にも力を入れていた。子浦のまちの様子や自然等について調べる総合学習も展開されている。よって、その活動と関連性を高め重点化をはかることによって、自ら学ぶ意味を自覚し意欲的に学習を進めることができると考えた。

　第二に、教師の取材が可能であり、水産業の実際の様子を具体的な人を通してみていきやすいということがあげられる。実感をもって子どもが社会的事象をとらえることができるようにするために、できるだけ具体的な事実に学んでいくことは大切である。そのためには、教師が取材をしやすい事例地を選択するということも、重要な教材選択の視点となる。

　第三に、「価格と費用」の学習内容に関わって、キンメダイの場合は一匹あたりの価格の変化をみていきやすいということがあげられる。アジやさんま等の魚は、キンメダイに比べ一匹あたりの値段が安価である。よって水揚げから店頭に並ぶまでにさまざまな費用がかかり、それに伴って価格も変化していくという、水産物にみられる価格と費用のつながりをとらえにくい。このことから、一匹の価格変化を追いかけやすいキンメダイの方が適していると判断した。

　このように本実践では、学びの価値（学習目標）−子どもの経験−学習内容といういわば「教材の3点セット」を吟味し、多くの候補の中から扱う教材を主体的に選択することを大切にした。子どもとのかかわり、教材

に内包する学びの価値等を複眼的・総合的にとらえ、教材を決定していく教材選択は、教師の最も大きな役割の1つである。

2. 「足でかせぐ教材研究」にもとづいて資料を作成し、授業に活かす

教師が教材研究を通して学んだことの中から、子どもに出会わせたい社会的事象を吟味し、目の前の子どもの学びの姿に思いをはせながら、適切な資料の形に具現化していく。いわば、社会的事象の資料化が次のポイントとなる。本実践では、社会的事象を子どもが少しでも実感的にとらえることができるようにするために、資料化の方法を工夫した。

例えば、下田漁港で出会ったキンメダイ漁師Sさんにインタビューしたことを再構成し、教師とSさんの対話として資料化している（表1）。

このことで、子どもはSさんの話の近くに教師の存在を感じることができ、身近な教師の存在を通してSさんに迫っていくことができるのである。

表1　教師とSさんとの対話を再現する

キンメダイ漁師　Sさんに突撃インタビュー！

近　藤：キンメダイを釣る時は、どうやっているんですか。
Sさん：はえ縄を落とすんだよ。オレンジの浮きが目印で、その下にえさのイワシがついた針がたれているの。
近　藤：1回で、どれくらいの魚がとれるんですか。
Sさん：それは、海の調子にもよるなあ。でも、1回の漁でさっきのはえ縄を海に落とす針は全部で7200本なんだ。
近　藤：そんなにあるんですか！　漁をしていて大変な時はありますか。
Sさん：海の荒れで魚がとれない時は、大変だねえ。でも一番あぶないのは、手のけが。
近　藤：けがですか……。
Sさん：ワイヤーを引き上げる時に、手がまきこまれちゃうのが一番多い。そうなると、一緒に漁をしている仲間に迷惑かけちゃう。1回そうなったら、安全な仕事はできなくなっちゃう。
近　藤：そうですね……。海の仕事はそういう危険とも向き合っているんですね。では、最後に魚をとる仕事をしていて、どんな時に喜びを感じますか。
Sさん：たくさんとれた時は、やっぱり嬉しいねえ。その分だけボーナスになるんだよ。その時は、疲れなんか忘れちゃうねえ。
近　藤：なるほど〜。今日は、お忙しいところありがとうございました!!

また、足でかせぐ地道な教材研究をしたことで、水揚げの様子や漁港での活きのよい"せり"の様子等を動画にして、子どもに提示することが可能となる。実際の音声を伴うその臨場感は、紙ベースの資料では表現できない水産業の迫力ある姿を子どもに届けてくれる。

　このように、「足でかせぐ教材研究」をベースに、授業で扱いたい社会的事象を子どもが実感的にとらえやすいように配慮しながら資料化していくことを本単元では大切にした。

　ただし、教材研究が豊かになると、教師の思いが先行し、子どもの学習状況や思いと離れたところで資料を提示していくということにも陥りやすい。よって、子どもの学習活動の研究にも力を入れる必要があるだろう。授業に活かす資料の提示は、時々刻々と変わる子どもの学習活動や学びの見とりと、一体的になされる必要があることを常に意識したい。

3. 「価格と費用」の実感的な理解を支える板書を構成する

　キンメダイの流通と人の仕事、そして費用や価格の形成を子どもが目にみえるようにする手だてとして、板書の工夫を試みた。本実践のねらいの1つとして、キンメダイの流通をみていきながら価格の変化とそれに対応する費用を追究していくということがある。そのためには、魚の水揚げから消費者へとその流れをとらえることが大切になる。そこで、魚の水揚げから市場、小売りから消費者への流れとそれぞれにかかる費用と価格の変化を子どもにみえるようにする板書構成を目指した。

　板書は、子どもの学びを支える環境として重要である。板書の機能としては、①可視化②強調③関係付け④記録などさまざまな機能があげられる。

　本実践においては、特にキンメダイが消費者に届くまでの流通を、矢印で表現しながら可視化していくことを大切にした。さらに、板書には各流通段階で教師が取材を通して出会った具体的な人も登場させるようにした。それにより、子どもたちは「下田市場のOさん」というように、場所と仕事を関係付けて理解することができると考えた。

第3節　単元計画と実際の学びの姿、指導のポイント

1. 教材について

下田漁港のキンメダイは、水揚げ量が日本一であり、水揚げ・出荷時にはキンメダイがずらりと市場に立ち並んでいる（写真①）。

今回取材する中で出会った漁師のSさんは、10日間の沖合漁業（延縄漁）を経

①下田漁港に水揚げされるキンメダイ

て、下田漁港にキンメダイを水揚げする。下田漁港はそのまま産地市場としての機能を果たしているため、水揚げと同時にせりや出荷準備が行われる。その仕事をするのが、卸売業者であるOさんである。

Oさんの出荷をたどっていくと、横浜中央卸売市場のAさんにたどりつく。Aさんは横浜中央卸売市場の卸売業者であり、全国の産地からの水産物を取り扱っている。子どもたちが消費者市場のスタートとして出会うのは、このAさんである。ここでは、下田からの水産物を鮮度が落ちないよう管理する仕事がみてとれる。

その横浜中央卸売市場に朝5時に買い出しにいくのが、学区にある魚屋を営むCさんである。Cさんは、「魚を選ぶ時は、魚と話をするんだ。これが、一番大切なんだ」と語る。こうした流通をたどってキンメダイは店に並び、子どもたちが店頭で出会うこととなる。

このようにみてくると、一匹のキンメダイが店に並ぶまでに、さまざま

な人の姿や仕事がみえてくる。その中で人件費、設備に関わる費用、出荷に関わる費用、運輸に関わる費用、そして利益などがつみ重なり、価格が形成されていくのである。よって、価格の変化だけを追うのではなく、場所や働く人の仕事を関係付けながらとらえることが大切である。

2. 単元目標

水産業が盛んな地域について調べ、自然環境とのつながりを理解しながら、人々の工夫や努力を考えるとともに、水産業が加工や運輸などの仕事と密接に関わっていること、水産資源や環境を守りながら漁業を進めていることを具体的に調べて考える。

3. 単元計画（概要）

単元計画の概要は、表2の通りである。

表2 単元計画の概要

ねらい	学習活動	時
身近な水産物と自分とのかかわりをとらえ、水産業が盛んな地域と自然条件とのかかわりを理解する。	○「好きな魚、よく食べる魚の学級アンケート」をもとに、身近な水産物について話し合う。 ○チラシやラベルを持ち寄り、身近な水産物の産地を調べ、水産物の産地マップを作る。 ○水産物マップの中から自分たちとかかわりのある場所（宿泊体験学習付近の漁港等）を見つけ、学習の計画をたてる。	3
下田キンメダイ漁に携わる人々の仕事や、産地から消費地までの流通・運輸の働きについて調べることを通して、水産業に携わる人々の工夫や願いについて考える。	○さまざまな漁法と比べながらキンメダイ漁の漁法について調べる。 ○漁師Sさんのキンメダイ漁について、「1日の仕事」「1回の漁スケジュール」等の資料をもとに調べ、Sさんの工夫や願いについて考える。 ○キンメダイが水揚げされてから店に並ぶまでの流通について、価格の変化を視点に、仕事やかかる費用を具体的に調べ考える。 ○日本の漁業がかかえる諸課題について理解し、資料をもとに話し合う。	5
自然環境を生かした養殖業について調べ、質がよく安心な魚を安定して育てる養殖業の工夫や努力に気づく。	○稚魚を育てて出荷する仕事について写真資料をもとに調べる。 ○水産資源を守る取り組みについて調べ、これからの水産業のあり方について話し合う。	3

出所：筆者作成

4. 学びの実際から①——自分と水産業の"かかわり"を実感する

　単元の入り口として、水産業と自分とのかかわりを実感することが大切となる。そこで、まずは「好きな魚、よく食べる魚の学級アンケート」をとり、子どもが互いの興味関心を共有できるようにした。そして、チラシやラベルを持ち寄って産地を「水産物マップ」の形で地図化していくことで、自分と日本全国の水産業がつながっていることを意識できるようにした。

　水産物マップを作っていく過程で、子どもたちは水産物の産地が太平洋側と日本海側に分かれていることに気づき、そこから海流の働き等自然条件と水産業のかかわりについても視野を広げていった。

　ここで、子どもが自分との"かかわり"を実感しながら追究を進めていけるように、水産物マップの中で自分と関係のある場所を見つけるように促した。学習を焦点化していきたいと考えたからである。

　すると、ある子が「下田って、今度子浦体験学習で行くところじゃない？」とつぶやいた。この単元を実施したのは、9月上旬であり、子どもたちは10月上旬にひかえた体験学習の準備に一生懸命だったので、地図の中からそうした自分たちとのかかわりを見つけるのは自然な流れであった。ここから、「下田では、どのように水産業が行われているのだろうか」という学習問題が生まれ、学級で追究をしていくこととなった。

5. 学びの実際から②
　　——漁師Sさんの仕事を丁寧に見つめ、調べていく

　子どもたちの視点が下田漁港に移行し、さらに学習を進めていこうとする流れが生まれてきた。しかし、下田と横浜は距離的には約140km離れており、中学年期のように子どもが足を運んで調べることはできず、インターネット等の資料も限られている。このような状況は、教師が資料を提示して学習展開を前に進めるポイントの1つである。

　そこで、教師が実際に伊豆急下田線に乗車して下田に取材にいったこと

表3　キンメダイ漁師　Sさんのある1日の仕事

時間	すること
午後11時	起床
午後11時30分	えさのイワシを1つずつ釣り針に指す作業に取り組む
午前2時	海にはえ縄を落としていく
午前6時	海からはえ縄をひき上げる
午前10時	魚をとる仕事が終了。 箱づめ、氷づめの作業に取り組む。
正午	夕食をみんなで食べる
午後3時	就寝

②下田漁港に到着！（教師の取材をたどる）

を写真で示し、ストーリー仕立てで語るようにした（写真②）。教師の取材をなぞるようにして、追体験的に下田漁港に迫っていくわけである。あたかも子どもたちが下田に行ったかのように語ることで、子どもたちの意欲も高まっていった。

　そうして出会ったのが、漁師Sさんである。Sさんの仕事を丁寧にみていくことで、キンメダイ漁の現実的な姿がみえてくる。

　資料「Sさんの1日の仕事」（表3）を提示すると、子どもたちは自分たちの生活時間と比べながら考え始めた。

　「午後11に起床って!?」

　「午後3時に寝るって！　僕たちまだ授業中だよ」

　自分たちの生活時間と比べる気づきが生まれている。さらに、資料を具体的にみていく中で、キンメダイ漁についても考えを深めていった。

　「えさの準備から海に入れるまで2時間30分も！」

「真っ暗だから、大変だろうな」

「引き上げるのにもすごく時間がかかっている。船員さんたちと協力しながら作業を進めていると思う」

1つの表からでも、じっくりと読むことでさまざまな発見がある。このように資料を読み取る際には、自分の経験や他の社会的事象と比べたり関係付けたりしながら読み取る経験を積み重ねていきたいものである。

③Sさんの手。ここから、みえてくるものは……

授業では、さらに「一週間のスケジュール」からキンメダイ漁が2週間のサイクルでまわっていくことや船上で協力しながら生活していることを読み取り、「Sさんの手の写真」(写真③)からSさんの思いを考え合うことへと展開した。

「海の荒れで魚がとれない時は、大変だねえ。でも、一番あぶないのは、手のけが。ワイヤーを引き上げる時に手が巻き込まれちゃうのが一番多い。そうなると、一緒に漁をしている仲間に迷惑をかけちゃう。1回そうなったら、安全な仕事しかできなくなっちゃう。たくさんとれた時は、やっぱり嬉しいねえ」(漁師Sさんの言葉　→**表1**〔p. 113〕参照)

このようなSさんの言葉からも、キンメダイ漁にかける想い、仲間とともに協力して漁をしていること等を、子どもたちは実感的にとらえ、考えていった。このように教師の取材を活かすことで、教科書資料だけではたどりつけない現実の社会的事象に迫ることができるのである。

第4節　授業の山場をめぐって

1. 本時に向けて

　本時は、漁師Sさんの水揚げしたキンメダイがその後どうなっていくかを調べ、価格や費用そして人の仕事について考える一時間である。下田での水揚げから横浜の店頭に並ぶまでをみていくことを通して、価格と費用、そして水産業を営む人の仕事を関係付けてとらえることを目指した。

2. 本時の目標（本時は、11時間扱いの5時間目）

　①店で売られている魚の価格には、水揚げ・産地市場・消費市場などにおけるさまざまな人の仕事（Sさん、Oさん、Cさん）とそれに関わる費用が関係していることがわかる。
　②価格の決定には、人々の仕事と人々の願いや思いが込められていることを考える。

3. 授業の山場

④キンメダイを丸ごと一匹提示する

　授業開始後、発砲スチロールの箱をおもむろに子どもの前に提示した。
　「この中に、何が入っていると思う？」
　下田産のキンメダイを丸ごと一匹提示したのである（写真④）。そのキンメダイは前時までに追究

⑤価格と費用、そして人の仕事がみえる板書構成

してきた沖合漁業漁師のSさんが水揚げしたものであることを伝えると、「Sさんが釣った魚なの！ すごい！」と子どもたちは興味を示した。

次に、価格に注目していくために、この魚は学区の魚屋C屋さんで買ったことと、一匹あたりの価格（2200円）を伝えた。この時点では、子どもは情報を事実として受け止めているだけである。

しかし、次に「実は、下田市場ではこのような価格（1100円）だったんです」と下田市場での価格を伝えると「ええ、なんでそんなに安いの！どうして？」と子どもたちは問題意識をもっていった。この問題意識が、本時で追究していく原動力となっていった（下田市場や横浜中央卸売り市場においてせりが実施され、価格は常に変動している）。

「下田から横浜に運ぶのに、お金がかかっているからだよ」

「新鮮に運ぼうとしていると思う。前の時間の資料で、市場にたくさんの氷が写っていたから、その費用もかかると思う」

「つけたし！ 船でSさんが魚をとりにいく時、船のガソリン代もかかるよ！」

自分のもっている資料やこれまでの学習経験をもとに、なぜ価格が変化したのか、考え合う姿がみられた。予想を出し合う中で、下田市場のOさんや横浜市場のSさんを登場させていきながら、流通段階のどの部分でどのような費用がかかっているのかを板書で視覚的に整理するようにした。

価格や費用を数字だけで抽象的に理解するのではなく、キンメダイを下

田から横浜に届ける中で誰のどんな仕事があるか、具体的にみていく。それにより、価格の変化と費用そして人の仕事を、関係付けながらとらえることができた。さらに、OさんやCさんの仕事をくわしくみていきたいという思いも強くなり、次時以降の追究の流れも生まれていった。

　授業の終盤には、板書を見ながら振り返りをする中で「魚が届くまでにはSさんたちのたくさんの仕事があって、費用が乗っかっていくんだね」と、仕事と価格を関連的にとらえようとする子どもの姿がみられた。価格と費用を、人の仕事と関係付けながらとらえる学びの姿であるといえる。

　さらに、魚の価格は時期や漁獲量によっても変化することに注目した上で、「市場のせりで1100円で、お店ではそれよりちょっと高く売らないといけないから、お店では2200円になったんだと思いました」と振り返りに書き、利益部分による価格の変化にせまる子どもの姿もみられた。授業後も、子どもたちはキンメダイの周りに集まり会話を続けていた。ここからさらに、日本の水産業に追究を広げていく子どもたちであった。

おわりに

　以上、本章では足でかせぐ教材研究にもとづいて単元を構想し、子どもが実感的に社会的事象をとらえる姿を描いてきた。足でかせぐ教材研究は社会科の授業づくりのベースであり、本質である。もちろん、教師1人で完全に教材研究をすることはできない。だからこそ教師も「もう1人の追究者」として、社会的事象をともに追究していく。そうした子どもとともに追究する過程において、より豊かな社会科授業も実現していくのではないだろうか。教材研究を充実させ、子どもとつくる学びを大切にする授業。そのあり方について、ぜひここから対話を広げ、ともに学んでいきたいと願っている。

参考文献

●社会科の授業づくりのあり方を学びたい時に……

　大澤克美『「確かな学力」を育む小学校社会科の授業づくり——これからの学習指導に求められる専門性』東洋館出版社、2008年

　鎌田和宏、中山美由紀編著『先生と司書が選んだ調べるための本——小学校社会科で活用できる学校図書館コレクション』少年写真新聞社、2008年

　藤井千春『問題解決学習のストラテジー』明治図書、1996年

　拙稿「実感的な理解を大切にした"お金"と"仕事"の学びを目指して」『心とくらしを豊かにする金融教育』東京学芸大学・みずほフィナンシャルグループ金融教育共同研究プロジェクト、2012年

●社会科を中心として授業研究をより深めたい時に……

　小林宏己『授業研究27の原理・原則——授業力向上のための実践的思考』学事出版、2013年

　佐伯胖『「学ぶ」ということの意味』岩波書店、1995年

　稲垣忠彦、佐藤学『授業研究入門』岩波書店、1996年

第9章

6年生の実践事例
「長く続いた戦争と人々の暮らし」

はじめに

　本章では、「戦争を経験した人からの聞き取りが難しくなっていく中で、戦争についての授業を今後どのように行っていけばよいのか」という課題意識に基づき、「長く続いた戦争と人々の暮らし」の学習について、教材開発を中心に述べる。

　教材開発は時間と労力を要する大変な作業である。しかし、教師自身が課題意識をもって見学したり、人と会って話を聞いたり、資料を集めて調べたりすることで、児童に「これを見せたい」「知らせたい」「取り組ませたい」といった教材に対する思いがわいてくる楽しいものでもある。教師の教材に対する思いが、「見たい」「知りたい」「やってみたい」という児童の学習意欲あふれる授業をつくる源となる。同時に、教材に対する思いが強くなればなるほど、それを授業という形にしていくことは、実は難しい。児童の実態を冷静に見つめ、児童に合った資料や活動を考えていかなければならないからである。

教材開発を積極的に行うことは、問題解決の過程を教師自らが歩むことでもある。地域を知り、地域の人と出会い、地域のことを授業化することで、教師自らが社会に参画していくことでもある。教材開発を通して、児童に育てようとしている「問題を解決する力」や「社会に参画する力」を、実は私たち教師自身も身につけていっていることに気がつくはずである。

第1節　単元の概要

1．特　色

　取り上げる実践は、第6学年「長く続いた戦争と人々の暮らし」である。戦争を経験した地域の高齢者から、当時の様子について聞き取りを行うとともに、地域に残る戦争遺跡や、戦争遺跡を保護・活用する人々の取り組みを教材化している。戦争経験者の高齢化が進む現在、戦争の悲惨な状況や平和への思いを直接聞き取ることの他に、戦争の記憶を未来へ伝えるために、どのような工夫ができるかという現在の課題に対して、戦争遺跡を取り上げた点に1つの特色が見出せると考えている。なお、本稿では戦争遺跡とは、「戦争に関係した遺跡（遺構や構造物、跡地）」［戦争遺跡保存全国ネットワーク編2003］のことを指す。

2．意　図

　戦後67年（授業を行った2012年当時）が過ぎ、戦時中の様子について実体験を語ることのできる人は非常に少なくなっている。児童が社会に主体的に参画するようになり、次の世代に戦争の悲惨さや平和の大切さを語り継ぐようになる10年後、20年後には、戦争についての実体験を語ることのできる人はさらに少なくなる。戦時中の様子を知る方からの聞き取りができる今こそ、児童と共に戦争についての体験を聞き、戦争についてよく知る

ことが必要である。同時に、聞き取りの他にも戦争の記憶を受け継ぐ取り組みが行われていることについて教材化し、戦争について知り、考える機会を設けることが必要である。

　戦争の記憶を受け継ぐ取り組みの1つとして、戦争遺跡を保護・活用する活動が全国で行われている。これは、各地に残る戦争遺跡とそれらに関わる体験談や記録を保存し、戦争の悲劇を繰り返さないために戦争の実相をさまざまな立場から未来へ語り継ごうというものである。全国各地で戦争遺跡の調査・研究と保存運動を進めている団体・個人によって1997年に「戦争遺跡保存全国ネットワーク」が立ち上げられ、調査・研究・シンポジウム・研究誌の発行などが行われている。

　上記のことを踏まえ本実践では、地域に住む戦争経験者からの聞き取りを行うと共に、地域に残る戦争遺跡及びこれらを保護・活用する取り組みを行っている人々の働きを取り上げる。このことで、平和について自分のできることを考え、平和な未来を築いていこうとする態度を児童の中に育てていきたいと考えた。

3．学習指導要領上の位置付け

　学習指導要領第6学年内容(1)ケの一部を基に設定した。

（1）我が国の歴史上の主な事象について、人物の働きや代表的な文化遺産を中心に遺跡や文化財、資料などを活用して調べ、歴史を学ぶ意味を考えるようにするとともに、自分たちの生活の歴史的背景、我が国の歴史や先人の働きについて理解と関心を深めるようにする。
　　ケ　日華事変、我が国にかかわる第二次世界大戦、日本国憲法の制定、オリンピックの開催などについて調べ、戦後我が国は民主的な国家として出発し、国民生活が向上し国際社会の中で重要な役割を果たしてきたことが分かること。

ケの内容のうち、本小単元では日華事変、我が国に関わる第二次世界大戦までを扱い、日本国憲法の制定以後は次の小単元で扱う。本小単元では、児童が自分たちの生活の歴史的背景や我が国の歴史や先人の働きについて理解と関心を深められるよう、地域の高齢者から戦時中の様子を聞き取る活動、戦争の様子を現在に伝える戦争遺跡やこれらを保護・活用して平和の大切さについて伝える取り組みを行っている人々の活動に着目して教材を構成することとした。

第2節　単元計画作成のポイント

1. 指導内容

　本小単元でつかませたいことは、「日本と中国との戦争はアジア・太平洋地域を戦場として連合国との戦争に拡大した。日本は戦時体制に移行し、各地への空襲、沖縄戦、広島・長崎への原子爆弾の投下などによって大きな被害を受け敗戦を迎える一方、戦場となった地域の人々に大きな被害を与えた」ということである。学習を通して具体的な事実を認識し、こうした概念を児童1人ひとりがもてるようにする。
　また本実践では、先述した時代的な背景を受けて「戦争を経験した人が少なくなる中で、戦争の記憶を未来へ伝え平和な社会を築いていくために自分もできることをしていこうと考える児童」を育てることを目標にしている。そのために、児童にとって遠い昔の出来事である戦争と、現在の自分たちの生活、そして平和な未来をつなぐ懸け橋として、戦争遺跡を取り上げている。

2．教材

（1）地域の戦争経験者Oさん

　本実践で貴重な戦争経験を話してくださるのは、地域に住むOさんである。Oさんは、通学路で児童の登下校の安全を見守ってくださったり、学校評議員として日頃から学校運営に携わってくださったりしている方で、児童にとって身近な方である。Oさんは1931（昭和6）年生まれで、志願して予科練に入り、故郷を離れて終戦まで軍隊で訓練を重ねていた経験をもつ。普段、にこやかに接してくれている身近なOさんから、戦争中に経験したことについて話を聞くことで、児童にとって遠い昔の出来事だった戦争を身近に感じさせることができると考えた。

　Oさんには「つかむ」段階（第1時）と「調べる」段階（第6時）の2回、教室に来ていただく。「つかむ」では少なめに語っていただき児童の「知りたい」という気持ちを高め、「調べる」では児童の疑問に答えつつ経験されたことを詳しく語っていただくことにして、Oさんの戦争の記憶を効果的に聞き取れるように工夫している。

（2）戦争遺跡

　授業で取り上げた戦争遺跡は、次の4つである。

①「銃撃を受けた変電所」（東大和市都立東大和南公園内）
　旧日立航空機立川工場変電所の建物。壁一面に米軍の機銃掃射やB-29による爆撃の痕が残る。東大和市文化財（史跡）に指定されている。

② 「戦闘機を隠した掩体壕」
（三鷹市：都立武蔵野の森公園内）

軍用機を敵の空襲から守るために作られた格納庫で、調布飛行場周辺に戦争末期に約60基が短期間で作られた。公園の案内板には「戦争の記憶を残す証拠とし、『平和への語り部』として保存しています」とある。

③ 「中島飛行機武蔵製作所跡」（武蔵野市：都立武蔵野中央公園一帯）

日本の戦闘機・爆撃機のエンジンを製造していた中島飛行機株式会社。「中島飛行機株式会社は三菱重工業と並ぶ日本航空機生産のトップメーカーで、武蔵製作所はその発動機（エンジン）工場として、日本の全生産台数の30％近くを生産する最重要工場」［牛田・高柳2006］であり、戦争末期には9回の空襲を受けた。中島飛行機武蔵製作所に関する空襲の様子や戦時中の痕跡を残すための活動に取り組み、広く人々に伝えている会として「武蔵野の空襲と戦争遺跡を記録する会」がある。

④ 「平和記念之碑」（練馬区：大泉中島公園内）

児童の住む大泉地域から出征し戦没した284名の人々の名前が刻まれている。学校から歩いて行ける距離の公園にある。

身近なところにも戦争について考えることのできる戦争遺跡が残されていることを知ることが、児童にとって自分たちと戦争とのつながりを意識するきっかけとなるのではないかと考えた。

3. 学習活動の工夫

（1）学習問題設定の工夫

　学習問題を「戦争を知る人が少なくなる中で、私たちは戦争の記憶を未来へどう伝えていったらよいのだろう」とした。「つかむ」でＯさんの経験談を聞き、10年後、20年後はこうした経験談を聞くことが難しくなると考えた児童は、この学習問題を受け止め、自分はどう学び伝えいったらよいのかという問題意識をもって学習を進めていけると考えた。

（2）表現活動の工夫

　２つの段階で次のような表現活動の工夫を行った。
　「まとめる」段階（第7時）では、学習してきたことを年表形式に整理する活動を取り入れた。ここでは、戦争に関わる出来事と戦時中の生活の様子について調べたことだけでなく、その時に自分が感じた思いを表現できるワークシートを使用した。その上で「日本にとってこの戦争は」という書き出しで学習したこと全体を振り返るまとめを書かせることで、児童１人ひとりが調べてきたことをもとにこの時代をどうとらえたかを表現させ、社会認識を深められるようにした。
　「ふかめる」段階（第9時）では、「戦争の記憶を未来へ伝えるために」という題で意見文を書く活動を取り入れた。ゲストティーチャーのＯさんから聞いた話をもとに学習をスタートし、調べたり考えたりしてきたことを振り返り、今の自分が未来に向かってできることを意見文に表現させることで、社会に参画する思いをもたせていけるようにした。

第3節　単元の指導計画（全9時間）

	○学習活動・学習内容	児童の学習の様子	□教材の工夫　○指導の工夫　◇評価
1 つかむ	○「70年前」の写真を見て、当時の生活について分かること、考えたことを書く。 ・時代　・人々の様子 ○70年前の生活を知るOさんから、当時の戦争の様子や思いを聞く。 ・志願　・訓練 ・東京の様子 ・戦争を知る世代の減少	・13歳という若さで兵士になろうとしたことに驚きました。 ・私のおじいちゃんにも戦争の話を聞いてみたいと思いました。	□戦時中の様子を写した写真 ○机間指導をして、よい気づきや疑問に印をつける。 ○Oさんのお話、BGM「露営の歌」（軍歌）、写真（特攻機・空襲を受けた東京） ◇戦争中の生活や時代の様子に興味をもち、進んで学習しようとする意欲をもっている。　（学習感想）【関】
2 つかむ	○戦争を経験した世代が高齢化し体験談を聞くことが難しくなっていることや、現在でも世界各地で内戦が続いていることを確かめ、学習問題を設定する。 戦争を知る人が少なくなる中で、私たちは戦争の記憶を未来へどう伝えていったらよいのだろう。 ○学習問題を解決するための方法、学習計画について話し合う。	〈学習問題を解決する方法〉 ・写真、資料を残す。 ・戦争について、分からないことを調べてしっかり知る。 ・戦争のことを知っている人に話を聞く。 ・未来へ残す。 　パンフレット 　手紙	□人口ピラミッド（平成22年、32年、42年） □シリアの内戦を報道する新聞記事 ○何をどう調べていけばよいか考えさせ、短冊を意図的に整理し学習計画を立てる。 ◇学習問題を解決するための考えや、戦争を語り継ぐために必要だと考えたことを書くことができている。 （ノート・短冊）【思】
3 調べる	○中国との戦争がなぜ始まりどのように展開していったかについて、その背景や国内外の動向を調べる。	戦争はどうして始まったのだろうと思っていたけれど、調べてみて、戦争の原因に不況の打開があったことが分かりました。	□満州の写真、日本の勢力図、年表 ◇不況の打開、満州での利益を守るために戦場を中国全土に広げ、中国の人々に大きな損害を与えたことが分かっている。　（ノート）【知】
4 調べる	○中国との戦争がアジア・太平洋の各地へと広がっていった経過や、その影響について調べる。 ・東南アジアへの進出 ・軍事同盟　・太平洋戦争	巨大な国を相手に戦うために資源が必要。そのために東南アジアへ進んでいった。人々はどんな気持ちだったのだろう。	□当時の勢力図 ◇資源を求めてアジアへ勢力を広げようとして米英などと対立した当時の日本の状況と戦争の拡大を関連付けて考え、表現している。 （ノート）【思】
5 調べる	○日本各地の空襲や、東京大空襲、沖縄戦と原爆の投下について調べ、多くの国民が犠牲になり戦争が終わったことを理解する。 ・日本各地の空襲被害 　東京大空襲　沖縄戦 　原爆投下　終戦	・アメリカ軍から多くの爆弾が落とされ、各地でたくさんの人が命を落とした。 ・戦争に勝つことが最優先で進められ、人々の生活や命は犠牲にされた。	□空襲を受けた都市の地図、東京大空襲の様子（絵・写真・地図）、原爆ドーム、平和祈念像、玉音放送 ◇日本各地で多くの国民が犠牲になり、戦争が終わったことが分かっている。　（ノート）【知】
6 調べる	○戦争中の生活を知るOさんに当時の生活の様子や心境について自分の予想を交えて質問し、聞き取りをする。 ・空襲の様子　・食糧事情 ・集団疎開　・学校生活 ・人々の心境	Q自分なら逃げ出したくなるが、戦争をやめたいと思ったことは？ Q戦争が終わった時は嬉しかったと思うが、実際はどうだったのですか？	○事前に打ち合わせをする。 □戦争中の生活の様子を伝える写真や標語 ◇戦時中の生活の様子について質問したり、聞き取ったりしたことをノートにまとめている。 （観察）（ノート）【技】

7 まとめる	○戦争の始まりから終わりまでの出来事を年表にまとめ、自分のコメントや関連する資料を入れて整理する。	・二度とこのような戦争はしたくないと強く思った。 ・命がどれだけ大切かがよく分かった。	◇戦時体制への移行、国民の被害や戦場となった国々への損害が分かっている。（年表）【知①】 ◇出来事を整理し、考えたことや戦争が人々に与えた影響を表現している。（年表）【思】
8 ふかめる	○戦争遺跡が身近なところに残されていることや、これらを保護・活用する取り組みをしている人々がいることを調べ、戦争遺跡が残されていることの意義を考える。	・戦争遺跡を残しているのは、昔、戦争があったということを今の時代の人たちに伝えるためだと思う。物が残っていることで話を聞くだけよりも悲惨さや怖さがよく伝わるから。 ・近くに戦争遺跡があることやそれを守る人たちがいることが分かった。	□戦争遺跡の写真（機銃掃射を受けた変電所、掩体壕） □中島飛行機武蔵製作所についてのプリント □戦争遺跡の保存活動をしている方へのインタビュー（ビデオ） □平和記念之碑（写真） ◇戦争の実態と平和の大切さを後世に伝える取組をしている人々がいることが分かっている。（ノート）【知】 ◇戦争遺跡を保存することの意義について自分の考えを書いている。（ノート）【思】
9 ふかめる	○学習問題に対する答えを「戦争の記憶を未来へ伝えるために」という題で400字程度の意見文にまとめる。	ぼくが戦争時代の子どもだったら……。 私たちにできることは少ない。でも……。	◇戦争の記憶を受け継ぎ平和な社会を築くための自分の考えを表現している。（意見文）【関②】【思②】

第4節　学習指導のポイントと授業の山場

1．学習指導のポイント

　指導計画のとおり、第1時のOさんへの聞き取りから始まる本単元の学習は、第7時までで一度まとまる。この時点の児童の学習感想には「二度とこのような戦争はしたくないと強く思いました」「命がどれだけ大切かがよく分かった。このことをこれからはしっかり考えながら、今ある食べ物や服、ものなどを大切にしていきたい」といったものがみられる。Oさんの体験談や自分たちが資料で調べたことにより、戦争の悲惨さや平和の大切さについてはある程度考えられるようになっている。しかし、学習問題である「戦争を知る人が少なくなる中で、私たちは戦争の記憶を未来へどう伝えていったらよいのだろう」について、1人ひとりが明確な考えをもつには至っていない。児童にとってまだ戦争は昔の出来事であり、今の時代を生きる自分たちとの結びつきを感じさせる手立てが必要である。

　そこで、次の第8時で戦争遺跡と戦争遺跡を保護・活用する人々の取り組みを取り上げた。

2. 授業の山場

(1) 本時のねらい

戦争遺跡が身近なところに残されていることや、これらを保護・活用する取り組みをしている人々がいることを調べ、戦争遺跡が残されていることの意義を考えることができる。

(2) 展 開

○学習活動	□教材・資料 ※指導・支援 ◇評価【観点】(方法)
※T.：教師の説明・声かけ　C.：予想される児童の反応 ○写真を見て、戦争遺跡が大切に残されていることを知る。 　C. 古そうな建物。　C. 穴がいくつも空いている。 　T. 東大和南公園に残されている元飛行機工場の変電所の建物です（写真①〔p. 128〕提示）。 　T. 武蔵野の森公園にある戦闘機を隠していた場所で、掩体壕といいます。どちらも現在、大切に保存されています（写真②〔p. 129〕提示）。 ○本時のめあてを確認し、予想する。	戦争遺跡＝戦争に関係した建造物・遺構・跡 □機銃掃射を受けた変電所（東大和南公園　写真①）、戦闘機を隠した掩体壕（武蔵野の森公園　写真②）の写真 ※現在の平和な公園の中に戦争遺跡が整備され残されている様子が分かるように写真を提示する。
戦争に関する物が大切に残されているのはなぜか考えよう。	
C. 戦争について今の人たちにも伝えるためではないか。 　T. 戦争遺跡がもっと近所にないかと探していたら、ある工場跡の見学会があると聞き、行ってきました。参加した多くの人々がじっと見ていた建物には意外な歴史が隠されていました。 ○中島飛行機武蔵製作所について、資料を読んで調べ、分かったことを発表する。 　C. 米軍がB29で日本本土を本格的に空襲する最初の目標だった。 　C. 戦闘機のエンジンを作っていたため狙われた。 　C. 全部で9回も空襲され、周辺にもたくさんの被害が出た。 　C. 働いていた人は最大で5万人、練馬区や西東京市に住んでいた。 　C. 学校から南へ約3.5km、練馬区の隣の武蔵野市にあった。	□見学会の様子を写した写真 □中島飛行機武蔵製作所についての資料 ※日本本土初の空襲ではないので、誤解を与えないよう補足説明をする。
○見学会を主催した人の思いをインタビュービデオから聞き取る。 　C. 戦争の悲惨さを実感できるよう、身近な戦争遺跡を紹介している。 　C. 日本にも戦場となった場所があることを丹念に調べ、戦争の悲惨さと平和の大切さを学んでほしい。 ○学校近くの大泉中島公園にも戦争の記憶を伝える碑があり、毎年終戦の日にはお祈りする人がいることを知る。 ○戦争遺跡がなぜ大切に残されているのか自分の考えを書く。 　C. 戦争遺跡が大切にされているのは、戦争について今の人たちにも興味をもってもらいたいからだと思いました。自分も銃撃された建物や平和記念之碑を見にいって調べてみたいと思いました。 　C. 戦争に関わる物を残すことも戦争の記憶を未来へ伝えるためのよい方法だからだと思います。	□主催者へのインタビュービデオ □大泉地域の出征戦没者を慰霊する平和祈念之碑の写真 ◇戦争の実態と平和の大切さを後世に伝える取り組みをしている人々がいることが分かっている。 　　　　　　　　【知理】(ノート) ◇戦争遺跡を保存することの意義について自分の考えを書いている。 　　　　　　　　【思判表】(ノート)

（3）授業の山場

　第8時では、筆者も参加した中島飛行機武蔵製作所をめぐるフィールドワークの様子を写真で見せた。中島飛行機武蔵製作所について、フィールドワークを追体験させる形で調べさせた。戦時中、5万人もの人が働き、戦闘機のエンジンを作っていたこと、9回も爆撃を受け、近隣で推計200～300名の方が亡くなっていること、児童の住む大泉地域でも亡くなった人がいることが資料から分かった。

　その後、この見学会の主催者の1人であるUさんからの「数十年前、日本にも戦場となった場所があったということを丹念に調べ、その中から戦争の悲惨さと平和が大切であるということや、戦後、平和を大切にする憲法ができたことを学び、戦争の悲惨さと平和の大切さを学んでいってほしい」というメッセージをビデオで紹介した。最後に、地域から出征し戦没された方々の名前を記した平和記念之碑を紹介した。

　この時間のまとめには、「戦争はすごく怖い。その怖いことを、戦争遺跡を残して伝えたいという気持ちがよく伝わってきた」「私たちの世代では、戦争は身近なものではないけれど、それを伝えようとしている人がいるということが分かった」など、戦争遺跡を残す取り組みを行っている人々の思いを受け止めて考えている児童の様子が多くみられた。

　今回は、Uさんからのメッセージという形で、戦争遺跡を保護・活用する人たちの思いを児童に伝えたが、Uさんたちの活動の様子だけを見せ、どんな思いでこうした活動に取り組んでいるのかを児童に考えさせる展開も考えられる。そうした展開の方が、戦争遺跡を保護・活用することの意味を児童に深く考えさせられたかもしれない。

3. 児童は何を学んだのか

　最後の第9時には、「戦争の記憶を未来へ伝えるために」という題で意見文を書く活動を行った。

ぼくが戦争時代の子どもだったらたぶん死んでいると思います。だから今、生きている自分に感謝したいです。（中略）ぼくが今、伝えたいことは、あなたたちが生きていることを当たり前だと思わないでください。戦争時代で生き残ったおばあちゃん、ひいおばあちゃんがいないとあなたたちは生きていないのです。あなたたちが今、生きているということを幸せだと思ってください。

　この意見文からは、戦争を生き抜いた人々と自分の命とのつながり、戦争世代への感謝の思いが強く感じられる。

　　未来に伝える、戦争遺跡を未来に残す、今残っている資料を大切にし、未来へ残す、私たちにできることは本当に少ないと思います。でも戦争を未来に少しでも伝える、それが私たちにできる亡くなった人の思いを果たすことだと思いました。

　この意見文からは、できることは少ないと認識した上で、それでも未来へ伝えていく大切さを感じたことが伝わってくる。
　他の児童の意見文からも学習問題に正対し、学習したことを踏まえ、自分にできることで社会に参画していこうとする真剣な思いが感じられた。

おわりに

　本章では、地域教材の開発や児童に社会参画への思いをもたせる授業づくりについて紹介した。地域をめぐり、地域の人から話を聞く。写真や動画を撮る。資料を集めて読む。こうした授業準備を教師自身が楽しんでいるうちに、いつの間にか「これは楽しい」「ぜひこれを児童に伝えたい」という熱い思いが生まれてくる。地域教材の開発は、社会科教師にとっての基礎・基本であり、醍醐味である。

引用・参考文献

牛田守彦『戦時下の武蔵野Ⅰ——中島飛行機武蔵製作所への空襲を探る』ぶんしん出版、2011年

東京都歴史教育者協議会編『東京の戦争と平和を歩く』(新版) 平和文化、2008年

牛田守彦、高柳昌久『戦争の記憶を武蔵野にたずねて——武蔵野地域の戦争遺跡ガイド』(増補版) ぶんしん出版、2006年

戦争遺跡保存全国ネットワーク編『戦争遺跡から学ぶ』岩波書店、2003年

第10章

学習指導と評価の充実

はじめに

　学習指導と評価の一体化という言葉を、授業研究や授業実践の場で大変よく耳にする。では、学習指導と評価の一体化が実際にうまく実践できているかというと、実践の場ではなかなか明確な答えを見出すことができない。学習指導と評価の一体化は、実践的には難しい問題となっている。

　学習指導と評価の一体化は、1980年の学習指導要領改訂によって、「観点別学習状況」の達成が評価されるようになってからいわれるようになったが、それ以降も段階別で相対的な評定のみが評価として強調される傾向が強く、学習した結果の評価となりがちであった。

　2001年、「目標に準拠した評価」が取り入れられ、相対評価からの転換が図られた。これにより、児童の成長がみえ、学力の伸びが分かるようになったといわれている。さらに、2010年に指導要録が改訂され、社会科の評価の観点が「社会的事象への関心・意欲・態度」「社会的な思考・判断・表現」「観察・資料活用能力」「社会的事象についての知識・理解」の

4観点に整理されてからは、より一層、学習指導と評価を一体化することが求められるようになった。

　学習指導と評価を考える場合、社会科の学力が土台となり、論議されてきた。学力論から学習目標を決定し、指導方法が工夫され、授業実践が行われてきた。しかし、社会科の学力は、研究者、実践者で合意するには至っていない。例えば、初期社会科の学力論の社会的な働きかけを進めるための関心・意欲・態度の評価と現在の指導要録の「社会的事象への関心・意欲・態度」の評価では、「関心・意欲・態度」と同じ言葉が使われているが、その内容は異なっている。学習評価には、さまざまな面があり、絶対的なものを提示することは難しい。それを前提として、学習状況を把握することを学習評価として考察する。

第1節　評価の機能と意義

1. 教科学習における評価の内容

　教育において「評価する」という言葉の範囲は多岐にわたっている。教育行政や地域住民も含めた学校評価、個々の教員の業績や組織に対する教員評価という言葉もあり、これらの評価は、年々広がってきている。また、教科学習、教科外学習、総合学習などの教育内容にあっては、それぞれの学習の目的や学習方法の違いによって、評価の方法や内容にかなりの違いがある。ここでは、社会科学習の評価のあり方を考えるために、その土台となる教科学習における評価の機能、範囲、意義を整理する。

　教科学習の評価としては、カリキュラム評価、学習評価、授業評価の3つが考えられる。学校での授業研究や研究協議会での参加者の発言の多くは、この3つの評価のどこかに即して語られていることが多い。

　この3つの評価を整理すると以下のようになる。

カリキュラム評価：学習目標の編成・学習の組織に対する評価
　　学　習　評　価：１単元や１時間の学習目標の到達に対する評価
　　授　業　評　価：活用された教材や展開された授業での教育技術や
　　　　　　　　　　働きかけに対する評価

　授業評価は、教材選択や教材提示の方法、発問や板書などの教員のさまざまな行為に対する評価である。若い教員が授業者となった授業研究や研究協議会では、授業評価に関わる発言が多くなる。

　学習評価は、学習目標として設定され、授業によって到達した内容に対して行われる学力の到達状況の評価である。学校での授業研究や研究協議会で発言される内容のうちかなりの量が、学習評価に関わる内容である。

　カリキュラム評価は、学校における教科学習のあり方を問う評価であり、本来最も活発に行われるべき内容だが、学習指導要領や地域カリキュラムなどによって、学校におけるカリキュラム編成の範囲が限定的であるために、これに対する発言は少ないのが現状である。

　これらの評価は、学習内容や学習方法そして、教員の指導技術を含めた次の授業の改善につながることを目指している。授業実践者となった教員を評価することではない。

2. 教科学習の評価者

　学習活動を構成するのは、授業者と児童である。学習評価をするのも、授業者と児童であるはずだが、児童が学習活動を評価することはあまり多くない。また、授業研究においては、授業参観者が、学習評価を行っている。学校での授業研究や研究協議会は、授業者と授業参観者がお互いに学習評価を交流し、授業改善を進める場となっている。学習評価が、次の授業の改善を目指すものであるならば、授業を構成する児童が何らかの形で参加することが必要である（次頁図１参照）。

　授業研究で、授業者と授業参観者の交流は、それぞれの立場から盛んに

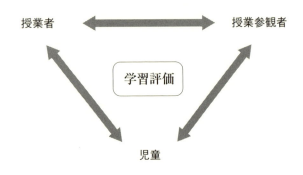

図1　学習評価の構造

出所：筆者作成

行われている。授業を構成する児童が、授業者と一緒に学習評価に参加したり、意見を述べたりすることは現実的ではないとしても、児童が学習評価の意見を表明することが望ましいのは当然であり、それが、次の授業の改善につながることになる。そのため、児童の授業感想や記述による学習到達の把握などが行われている。

3. 社会科の学力と学習評価

　社会科の学力論は、次のように行われてきた。1950〜60年代の初期社会科の実践をめぐる基礎学力論争である。これは、経験主義的な社会科学習に対する学力低下問題に始まり、「計測可能な学力」「科学か生活か」「科学主義」「態度主義」に関する勝田守一（1908〜1969）、梅根悟（1903〜1980）、広岡亮蔵などによって展開された論争である。1970年代には、「学力と人格」をめぐり藤岡信勝（1943〜）、坂元忠芳（1931〜）らの論争があった。その後も社会科の学力については、谷川彰英（1945〜）、中野重人（1937〜）、本多公栄、佐島群巳（1929〜）らが学力論を展開している。これらの学力論によって、社会科の授業論や求められる人間像が描かれ、到達すべき学習目標とその評価が論じられたが、それぞれの考え方によって目指す学力の構造や

範囲が異なっており、学習目標・学習内容・学習方法を明確にし、社会科の授業計画を立て、授業を実践し、それをどのように評価するのかを示しながら、その有効性を論じることは十分にはできていなかった。

　学習評価を考えるためには、実践された授業や学習の事実、評価の観点や方法がどのようなものであるのかを示すことが求められる。ここでは、学習評価の機能をブルーム（Benjamin Samuel Bloom 1913～1999）が主張した診断的評価、形成的評価、総括的評価に基づいて考察する。

　第一の診断的評価の段階は、学習を効果的に実践するために、授業を構成する児童がもっている学習の前提としてのニーズやレディネスの評価である。具体的には、新しい学習を始める前の児童の生活や学習経験、学力形成の把握である。例えば、中学年の地域学習を始める前に、児童の遊びや買い物の範囲を知り、生活圏を摑んでおくことであり、5年生の産業学習を始める前に、4年生で地図帳はどの程度活用され、地図記号の理解はどこまで進んでいるのかを知っておくことである。

　第二の形成的評価は、学習過程の中で、授業の事実に即して行う評価である。田中耕治（1952～）は、形成的評価は目標に準拠した評価の核心部分としている。形成的評価によって得られた児童の評価の情報は、学習のフィードバック、学習指導計画の修正に活用される。例えば、学習の到達・達成段階を追った小テストでは、それまでの解答や記述の考察を通して児童の学習状況が把握されると共に、教師の児童へのまなざし、ゆさぶりの発問、共感する発言、机間指導での声かけ、ノート点検、板書など学習指導を評価し、修正を図っていくことが可能になる。授業の過程において、児童の学習状況を把握する形成的な学習評価に基づいて、指導計画の修正や学習の補充がなされ、指導の改善を実現する授業評価も形成的に展開される。

　第三の総括的評価は、学習が終了した時や学期・学年末等に行われる評価である。従来、総括的評価の多くは、テストやレポートが実施され、それに基づいて評定が行われ、序列がつけられてきた。しかし、形成的評価の意義が強調されてくることにより、総括的評価の情報は、教師にとって

も次の授業の改善を行うために児童が学習目標をどれだけ実現することができたのかを問うことになる。そのためテストやレポートだけでない新しい評価の方法が提起されるようになった。これらの学習評価は、現代社会の多様化の中で、基礎的基本的な学力だけでなく多様な学力の形成が必要となり、より広範に、詳細に1人ひとりの児童の学習評価が求められたことにより開発されてきた。自由記述式評価、ポートフォリオ評価、対話や観察による評価、パフォーマンス評価などである。

第2節　観点別学習状況の評価

1. 指導要録と観点別状況評価、評価規準・評価基準

学校では、指導要録の作成が、学校教育法施行規則によって義務付けられていることによって、学習指導の評価は、指導要録に定められている項目によることが多い。1992（平成4）年の指導要録の改訂から観点別学習状況評価が取り入れられ、学習評価の基本に据えられている。各学校の通知表も指導要録の観点に基づいて作成されることが多い。

文部科学省「児童生徒の学習評価及び指導要録の改善等について」によると、社会科の観点は以下のように示されている。

①社会的事象への関心・意欲・態度
社会的事象に関心をもち、それを意欲的に調べ、社会の一員として自覚をもってよりよい社会を考えようとする。

②社会的な思考・判断・表現
社会的事象から学習問題を見出して追究し、社会的事象の意味について思考・判断したことを適切に表現している。

③観察・資料活用の技能

社会的事象を的確に観察、調査したり、各種の資料を効果的に活用したりして、必要な情報をまとめている。

④社会的事象についての知識・理解

社会的事象の様子や働き、特色及び相互の関連を具体的に理解している。

【資料1】 4観点に基づく評価規準の入った指導案

第5学年社会科学習指導案

小単元名『自動車を作る工業』

平成　年　月　日5校時
第5年　組
指導者　○○○○

1. 単元の目標
　　自動車工業に従事している人々の工夫や努力、自動車生産を支える貿易や運輸について調べ、工業生産が国民生活や産業をささえる重要な役割を果たしていることを考える。
2. 小単元の評価規準
　○関心・意欲・態度
　　自動車工業の生産の様子について意欲的に調べ、安全や環境のことを考えたこれからの自動車開発に関心をもち、進んで学ぼうとしている。
　　ア. 自動車工場での生産のしくみや働く人々の工夫や努力について進んで調べている。
　　イ. ハイブリットカーなど新しく開発されている自動車について興味・関心をもち、情報を集めようとしている。
　○思考・判断・表現
　　自動車が効率よく安定して生産されているわけについて、働く人々の努力や関連工場のつながりや機械化や運送の工夫などと関連付けて考え、自分の言葉で表現することができる。
　　ア. 自動車工場と関連工場、運輸の働きなどのつながりを考えることができる。
　　イ. 消費者の要求に応えるための、工場で働く人々の工夫や努力を説明することができる。
　　ウ. 自動車などの工業生産が自分たちの生活を支えていることを考える。
　　エ. 調べ活動の中でわかったことや自分が考えたことをわかりやすくまとめることができる。
　○技能
　　写真・インターネットなどの映像資料、働く人の話、各種の統計資料などを目的に応じて活用し、自動車生産の特色をとらえることができる。
　　ア. 自動車生産の過程や新しい自動車の開発についてインターネットや写真資料などを活用して調べることができる。
　○知識・理解
　　自動車生産とその特色、これからの課題について理解している。
　　ア. 自動車が生産・開発される様子やその過程での人々の工夫や努力についてわかる。
　　イ. 世界の中での日本の自動車会社の工場の発展やこれからの自動車開発について知る。
3. 児童の実態
　　児童は、これまでの社会の学習で、課題を設定し、コンピュータや資料集を用いて調べ、まとめるという経験や、資料やグラフから何が読み取れるか、そこから分かることは何かを読み取るという経験をしてきた。しかし、課題は、決まってもどうやって調べたり、調べたことを表したりすればよいのか分からない。

- 内容があまり深まらない。
- どの資料を活用してよいのかわからない（インターネット、資料集など）。
- 表面的な感想でまとめてしまう。

という児童が多かった。

「私たちの生活と工業生産」の学習では、導入に身の回りの工業製品探しを行った。家庭、学校生活、外出する時など、私たちは、たくさんの工業製品に囲まれて暮らしていることが分かった。また、目覚まし時計の解体をグループごとに行い、体験を通して、工業製品は、たくさんの部品からできていること、もとは、色々な原材料からできていることを理解することができた。

本時の「自動車を作る工業の学習」では、家の人と車を買いにいった経験や実際にショールーム見学を通して、販売店の人の話や自動車を見学する中で、他の製品との買い方の違いに気づくことができた。自動車工場で働く人たちは、年間何百万台という数の自動車を消費者のニーズに合わせ、正確に、期間を守り、いったいどのような工夫をしながら作っているのかを本単元のテーマとし学習を進めることにした。

この単元を通して、さまざまな体験をさせ、体験を通して自分なりの考えをもつことができるようにしたいと考える。

(以下略)

この４つの観点に基づいた評価計画や評価基準がつくられ、学習指導計画や学習指導案に表記されていることが多い。

学習指導計画や指導案には、【資料１】のように評価規準を示し、児童の学習の到達目標を提示する。学習指導案は、いろいろな形式があり、４観点に基づく評価規準が、単元目標として書かれることもある。

【資料２】単元目標として評価基準が書かれた学習指導案

第４学年１組社会科学習指導案

第５校時４年○組
指導者　○○○○

1. 単元名　　水はどこからどこへ
2. 単元目標
   - 生活で使われている水に関心をもち、水に関する事業・施設やそこで働く人々の工夫や努力について、見学や調べ学習を通して意欲的に調べるとともに、学習したことをこれからの自分たちの生活に生かそうとすることができる（関心・意欲・態度）。
   - 飲料水の確保や下水の処理が、人々の工夫や努力によって計画的・協力的に進められ、地域の人々の健康な生活や生活環境の維持と向上が図られていることを考えたり判断したりしてそれらを適切に表現することができる（思考・判断・表現）。
   - 飲料水の確保や下水の処理に関わる施設やそこで働く人々の工夫や努力について、調査・見学したり地図や資料を活用したりして、必要な情報を集め、分かったことを絵・文章・グラフなどに表すことができる（技能）。
   - 飲料水を確保したり、下水を処理したりするための対策や事業が、そこで働く人々の工夫や努力によって計画的・協力的に進められ、地域の人々の健康な生活や良好な生活環境の維持と向上に役立っていることを理解している（知識・理解）。
3. 単元構想（12時間完了本時15／15）

　　　　　私たちは、どんな時にどのくらい水を使っているのかな。

①調べてきた水の使われ方を発表しよう。
- 手を洗う時・お風呂・お料理
- 歯みがきではコップ２杯くらい使うよ。

　　　　　私たちの使っている水はどこから来てどこへいくのかな。

②自分が調べたいことは何か考え、「マイテーマ」を決めよう。
③「マイテーマ」について、調べ、まとめよう。

蛇口から出る水はどこからくるのだろう。	使った水は、どこへいくのだろう。	○○するのに、どのくらい水を使うのだろう。
↓	↓	↓
・浄水場見学 ・副読本活用 ・インターネット	・○○浄化センター ・図書資料 ・インターネット	・インターネット ・自分の体験 ・図書資料

・1人調べ、まとめ

　　　　　友だちのマイテーマを知りたいなあ。

④マイテーマ発表会をしよう

(以下略)

　評価規準、評価基準は、同じ読みであり、とらえ方が混乱していたり、学習指導案の形式が【資料1・2】のように地域によって違っていたりすることがあるが、評価規準、評価基準は、以下のように理解することが多い。

　評価規準とは、評価の観点に示された児童につけたい力を、具体的に児童の成長する目標として示し、文章として表記したものである。

　評価基準は、それぞれの評価規準で示した児童につけたい力を、どの程度まで習得しているのかより具体的に明示している。評価基準について、文部科学省は、判断基準という用語を使っているのも、こうした考え方を反映している。評価基準（判断基準）は、評価規準で示された児童につけたい力の到達度を示す指標であり、A・B・Cと段階をつけたり、1・2・3と数値化したり、文章表記したりすることによって、より具体的に、

表1　6年生「自由民権運動がひろがる」の評価規準・評価基準

評価規準	評価基準
・自由民権運動が起こり、広まった意味や、その影響について考えている。	A（十分に満足できる） 　自由民権運動と明治政府のそれぞれの考えを活用しながら、民権運動が広がり、国会開設が約束されたことをまとめることができる。 B（おおむね満足できる） 　自由民権運動が広がった理由をまとめることができる。 C（努力を要する） 　自由民権運動の説明ができる。

出所：筆者作成

実際の授業に即して明示することになる。

　例えば、評価規準を基にした評価基準は次のように作成する。その際、Bの内容が、概ね評価規準の達成にあたる。例えば、6年生「自由民権運動がひろがる」の「思考・判断・表現」は、**表１**（前頁）のように文章表記することができる。

　1時間ごとに設定する評価基準の結果をまとめ点数化したり文章化したりすることで、指導要録に記載する観点別評価の評定を出すことができる。

2.　評価計画の作成と評価の方法

　1時間の学習指導案を作成するためには、単元全体の指導計画が必要であり、それに伴う評価計画の作成は、学習指導全体の教材研究を進め、学習方法などを選択する大切な要素となる。評価規準が、単元目標と書かれることがあるのは、これが、適切な教材や学習方法によって実践された児童の学習到達目標となっているからである。

　評価規準を基にした評価基準に即して、教材提示の方法、ワークシートの活用、主発問、板書、学習形態などが構想され、学習指導案に書かれる「期待される児童の反応」や授業のシナリオが考えられる。要するに、評価計画の作成は、学習指導計画の作成と一体となった教員の教育研究活動であり、学習指導計画を立てることは、評価計画をつくることでもある。その際、教科書を活用した授業を計画する場合、多くは、教科書指導書に書かれた評価計画を参考とするが、地域や学校の状況、児童の現状（診断的評価が活用される）によって、適切に修正し活用することが必要である。

　【資料3】の◎が、それぞれの1時間（1小単元）の評価規準であり、これを基にして評価基準を各時間ごとに作成する。そして、評価を何によってするのかの手立てを入れた1時間の指導案が作成される。

　実際の授業では、児童のすべての学習活動が児童の学習の成果の表れであり、教師として1つひとつ評価することが必要であるが、学習目標に準拠してその達成を図るためには、明確な根拠をもった評価をしなければな

【資料３】１単元の評価計画

5．指導計画（全15時間）

時数	学習の流れと児童の活動	○指導上の留意点　◎評価
1 2	自動車づくりを調べよう。 ○自動車販売店を訪ねる。 ○自動車はん売店を訪ねて気がついたことを基に学習課題を立てる。	○自動車はたくさんの部品から作られていること、消費者は、色々な注文ができることに目を向けさせる。 ○生産の工夫を調べるための学習問題をつくる。 ◎消費者のニーズに応じてさまざまな自動車が作られていることに気づくことができる。【関心・意欲・態度】
	自動車は、どんな工夫をして作られているのか。 消費者には、どのように届けられるのか。	
3	自動車づくりの工夫 ○自動車ができるまでの工場の様子をとらえる。	○自動車生産ラインの写真を用意する。
4 5	○自動車工場で、自動車を注文通りに、効率的に作る工夫を考える。	◎自動車の生産ラインの流れを理解している。【知識・理解】
6	○自動車工場で組み立てられている部品がどこでどのように作られているのかを調べる。	○組み立て工場を実感する「コルト」の組み立てを行う。
7	○自動車の原材料がどのように工場に運ばれ、製品がどのように出荷されるか調べる。	○流れ作業をしない場合、した場合で組み立てを行い、効率よく自動車を生産するための工夫について考えさせる。
8	○学習課題について調べてきたことをまとめる。	◎自動車組み立てでの順序や働く人の工夫などについて分かったことを自分なりの言葉でまとめることができる。【思考・判断・表現】 ○部品工場では、必要な時に、必要な数だけ部品を生産し運んでいることに気づけるようにする（ジャストインタイム）。 ○関連工場がさらに小さい部品を作っていることや関連工場が高速道路や鉄道沿いにたくさんあることを気づかせる。 ◎工業生産の特徴や工夫について考えている。 【技能】【思考・判断・表現】 ○原材料が輸入に頼っていることＴ、海や道路を使った製品の輸送が行われていることに気づけるようにする。 ◎自動車生産の原材料の確保の仕方、製品の輸送について理解している。【技能】【知識・理解】 ◎調べてきたことを基に、学習問題に対する自分の考えをまとめている。【思考・判断・表現】

(以下略)

らない。その根拠となる学習成果を【資料４】（次頁）では、児童の発言、ノート、ワークシートに求めている。評価は、公平でなければならないので、評価をした学習成果は誰にでもわかりやすく説明できることが求められる。こうした学習成果を評価計画の中に書き込んでおくことも必要なことである。

【資料4】 1単元の評価計画

本時の指導過程

	子どもの活動	○支援　◎評価
つかむ	1．前時までの活動を振り返る。 みんなが何を調べてきたのか、思い出そう。	○学習の流れが分かるように、1人調べした内容や、教師が提示した資料を掲示しておく。
ふかめる	2．本時の学習課題を確認する。 マイテーマを調べたり、友達のマイテーマ発表を聞いたりして、思ったことやこれから自分がどうすればよいのかということを話し合おう。 〈期待する子ども像〉 ・みすずさんの発表を聞いて、水がきれいになって蛇口から出るまでには、たくさんの時間がかかっていることを知ったので、出しっぱなしにしないようにしようと思いました。 ・柊斗さんの発表で、水がないと生活できないことが分かりました。なくなると困るので、必要な時に必要な分だけ使おうと思いました。 ・浄化センターの見学で、すごい臭いのする場所で働いている人がいると知ったので、汚れた水を流す時には気をつけて流そうと思いました。例えば……	○自信をもって発言できるよう、自分がどうすればよいかを書いたプリントに朱書きを入れる。 ○話し合いが続くようにするために、自分と似た友達の発言に付け足して発表していくように声をかける。 ○児童が発言しやすいように、具体的にできることを挙げるように声をかける。 ○なぜそのように考えたのか、根拠を尋ねるようにする（誰の調べたことから思ったのかを聞く）。 ○自分の考えたこと、これからできることを発表することができる（発表、ノート）。
まとめる	3．授業の感想を書く。 今日の話し合いの感想を書きましょう。 〈期待する子ども像〉 ・水を大切にするために、私にできることがたくさんあると分かった。これからは、水に関係する施設や働く人たちのことを考えながら水を使っていこうと思った。	◎自分たちができることをこれからやっていこうとする気持ちをもつことができる（ワークシート）。

第3節　評価の改善を図る取り組み

1．PISAショックを受けて

　現在の「目標に準拠した評価」（絶対的評価）は、評価の公正のために客観性を重んじる傾向がある。また、児童、保護者への説明責任を重視することにより、より客観的な評価方法が取り入れられてきた。しかし客観性に重きを置くことで、授業者である教師が中心となり、学習の結果に目を奪われがちである。これに対して、学習者である児童の評価への参加、自己評価あるいは、相互評価が、学習内容の改善のためにも必要であるとい

う論が1990年頃から主張されるようになった。

　また、PISA2003の結果が明らかになった2004年の「PISAショック」は、学習指導、学習評価の転換が教育関係者以外からも広く論議され、その中で、学習結果を問うことから学習過程の中での児童の成長や変容を問うことが求められるようになった。

　こうした主張に沿う評価方法としてポートフォリオ評価、パフォーマンス評価を活用することが広がってきた。これらの評価方法を取り入れることは、学習観の転換にもつながることになる。習得－活用－探究の学習活動が取り組まれているが、ポートフォリオ評価、パフォーマンス評価を活用した学習がますます必要となってくるであろう。

2. ポートフォリオ評価

　ポートフォリオ評価は、社会的事象や事実に対する児童の多面的な思考や判断を育成することをねらいとしている。具体的には、社会科の学習を通して、社会的事象や事実を児童にとってより身近な事柄としてとらえさせることである。これにより、学習過程の中でポートフォリオを活用させ、信憑性の高いデータや資料をもとに話し合いの機会をもったり、まとめる時間をとったりしてじっくりと考えさせ、社会的な思考力・判断力・表現力を高めることになる。

　社会科では、次のことがポートフォリオの素材として考えられる。

　　①学習ファイル（収集したもの、成果とその経過が分かるもの）
　　②情報収集簿（収集したものを整理する）
　　③エビデンスカード（根拠や論証のための思考の整理）
　　④思考の振り返り（学習の振りかえり、まとめ）

　例えば、次のような学習が考えられる。4年生の地域学習で、①県の特産品・名品、名所マップやパンフレット、副読本などを参考にして、資料

を収集し、整理する(学習ファイル、情報整理簿)。②「歴史」「自然」「産業」「行事」「特産品」など県の魅力を伝える具体的な事例を整理する(情報整理簿、エビデンスカード)。③これらを基に、県の良さを伝えるための討論会を開く(エビデンスカード)。④学習を振り返り、学習のまとめを作成する(エビデンスカード、思考の振り返り)。

これらの学習を進めるには、資料を保存する入れ物(ファイル)やワークシートが必要であり、それらの質的・量的な充実には教師の授業・教材研究の質が問われることになる。

3. パフォーマンス評価

パフォーマンス評価は、パフォーマンス課題とルーブリックによって構成されている。パフォーマンス課題は、児童のパフォーマンスによって評価しようとする課題である。ルーブリックは、評価する到達レベルを事前

表2 パフォーマンス課題とルーブリック
香川大学教育学部付属高松小学校5年「私たちの国土と環境」

パフォーマンス課題		
全国の自然環境と人びとの営みとの関連を調べ、わかったことを解説文に表現してクイズをつくり、その地域の特色がわかる日本クイズマップを作ろう。		

ルーブリック	評価基準	パフォーマンス事例
A	国土の環境と人びとの営みを関連付けた問題をつくり、人間は自然環境に適応しながら生活しているという概念から、両者の関係を解説している。	愛媛県の人たちは、一年中温暖で雨が少ない気候と、海沿いまで山がせり出し、傾斜地が多いという地形を活かし、みかんづくりを発展させた。傾斜地で栽培することで、太陽と海に反射する日光の2つの光を受け、甘く、おいしいみかんができる。
B	国土の環境と人びとの営みを関連付けた問題をつくっているが、人間は自然環境に適応しながら生活しているという概念から両者の関係を解説することに不十分さを示す。	愛媛県は、一年を通して温暖で、雨が少ない。また、海沿いの傾斜地を利用し、おいしいみかんが作られる。
C	国土の環境と人びとの営みを関連付けた問題と解説をつくることが困難である。	愛媛県ではみかんが有名である。みかんは、段々畑で作られる。愛媛のみかんは甘くておいしい。

出所:[香川大学教育学部附属高松小学校 2010:44]をもとに作成

に定め、到達する目標や内容を示した評価指標である。さらに、評価基準の段階を明示することにより、児童の到達レベルを明確にするとともに、自己評価や相互評価にも活用することができる。

　表2は、香川大学教育学部付属高松小学校5年「私たちの国土と環境」のパフォーマンス課題とルーブリックである。

　この実践では、児童にパフォーマンス課題に基づいた解説を伴った「日本クイズマップ」づくりが求められる。解説の内容が、ルーブリックによる評価基準にどこまで達しているのかが問われる。到達すべきゴールが分かりやすいので、自己評価や相互評価も可能となり、それぞれの学習段階で自己評価や相互評価を繰り返すことによって、学習目標に到達できる。

　事例でもわかるように、パフォーマンス評価も、ポートフォリオ評価と同様に、学習観・評価観の転換を図ることになる。教師主導の学習、教師中心の評価から、児童主体の学習、児童も参加する学習評価を可能にする学習への転換が期待されている。これは、学習の結果を重視する評価から児童の成長過程を重視する評価への転換となるであろう。

おわりに

　中央教育審議会教育課程部会「児童生徒の学習評価の在り方について（報告）」（2010年3月24日）において、ポートフォリオ評価とパフォーマンス評価が新しい評価事例として取り上げられた。これは、学習評価についての新しい方向を示しただけではなく、学習指導、学習方法を改善することを提起したものであり、学習指導要領の改訂（2008年）による指導要録の改訂にとどまらない教育課程全体の改革の方向を示している。

　同時に、OECDによるPISA調査の目的である子どもたちが将来生活していく上で必要とされる知識や技能が、義務教育段階（15歳）においてどの程度身についているかを測定し、実生活のさまざまな場面で直面する課題にどの程度活用できるかを評価する方向に、学校教育を改革していくことも想定されている。

学習評価は、児童を段階に分けることでも、結果だけを問うことでもない。児童の学習状況の把握とともに、教師の教育研究によって決定された教育目標が適切であったのか、学習方法が児童に即したものであったのかを含めた教育課程を評価するものでもある。学習評価は、実践者の指導方法、授業構成を振り返り、次の実践に向けて改善するためにも必要なことであり、これを忘れて、児童の学習結果のみを論じては、学び続ける実践者としては失格である。児童への評価は、自らの学習観、選択した教育方法、教師としての研究の営みなどへの評価でもあり、指導と評価を一体として考えることによって、次の授業の改善や授業力の向上に取り組みたいと考える。

参考文献

田中耕治編著『パフォーマンス評価――思考力・判断力・表現力を育む授業づくり』ぎょうせい、2011年

香川大学教育学部附属高松小学校『活用する力を育むパフォーマンス評価――パフォーマンス課題とルーブリックを生かした単元モデル』明治図書出版、2010年

田中耕治編『よくわかる教育評価』(第2版) ミネルヴァ書房、2010年

田中耕治『教育評価』岩波書店、2008年

東京学芸大学社会科教育学研究室編『小学校社会科教師の専門性育成』(改訂版) 教育出版、2006年

第3部

中学校社会科の
授業づくりと評価

第11章

社会科の目標と内容

はじめに

　社会科は第二次世界大戦後の疲弊しきった日本を復興させ、新たに民主主義社会をつくるために新設された教科である。戦前戦中における公民教育を徹底的に反省し、新しい公民教育を模索するという戦後復興の担い手としての役割をもっていた。

　戦後間もなくの1945（昭和20）年10月には文部省内に「公民教育刷新委員会」が設置され、12月には2つの答申を出して新しい公民教育の方向を示していた。結局それは実現には至らず、GHQの占領政策によってアメリカのSocial Studiesをモデルとした社会科が設置されることになった。保守派の中には、社会科はアメリカから輸入された教科であるため日本にはなじまないとする批判が長く存在してきた。その批判はいまだ根強いが、はたしてそうであろうか。非常に優れた社会科の授業実践は全国各地で展開されてきているし、それを丁寧に検討してよりよい授業に高めていこうとする授業研究の文化は、アメリカのそれを遥かに凌いでいる。近隣諸国

にも参考にしたり取り入れたりする国が増えてきた。こうした独自の教育文化が生まれ発展してきた要因は、社会科が日本に長年にわたり蓄積されてきた人文社会諸科学における学問を基礎としているというところにあり、単に輸入された教科をわれわれが受け入れたというところにはない。このような基本的な経緯を踏まえて、われわれは教育実践に取り組む必要があるのである。

現行の中学校学習指導要領は2008（平成20）年3月に告示された。前回の改訂から約10年の間には、社会科に影響のある出来事が多くあった。激しい議論の中、自由民主党政権下で教育基本法の改正が行われた。このことを受けて、道徳教育の充実や伝統文化の尊重、愛国心の涵養などが強化されることとなった。学力の低下も問題となり、「ゆとり教育」が批判の対象となって学力定着の方向性が打ち出された。どの教科においても言語活動の充実が求められるようになり、社会科では旧くからいわれてきた多面的・多角的な考察と同様に、学際的な学習への意欲喚起なども新しい課題となっている。複合的な要素からなる現代の社会的事象を把握して、課題解決にあたろうとする市民には言語による表現力が強く要請されている。

動きの激しい時代における改訂であったことを踏まえて、現行の学習指導要領を見つめ、社会科のあり方について考えたいものである。本章では中学校社会科の目標と内容および学習指導のあり方について論じることとする。

第1節　社会科カリキュラムの全体構造

現行の学習指導要領に向けての改訂の基本的な考え方は、告示前の2008年1月に出された中央教育審議会の答申「幼稚園、小学校、中学校、高等学校及び特別支援学校の学習指導要領の改善について」において以下の7点が示されている。①改正教育基本法等を踏まえた学習指導要領改訂、②「生きる力」という理念の共有、③基礎的・基本的な知識・技能の習得、

④思考力・判断力・表現力等の育成、⑤確かな学力を確立するために必要な授業時数の確保、⑥学習意欲の向上や学習習慣の確立、⑦豊かな心や健やかな体の育成のための指導の充実。この⑤は先述の「学力定着の方向性」を打ち出したものであるが、それを受けて国語、社会、数学、理科、外国語、保健体育の授業時数を400時間程度増加するとされた。社会科の各分野に配当される授業時数は、地理的分野120単位時間、歴史的分野130単位時間、公民的分野100単位時間とすることが規定されている。

これに伴い、第1、第2学年を通じて地理的分野と歴史的分野を並行して学習させることを原則とし、第3学年において歴史的分野及び公民的分野を学習させること、とされた。すなわち、いわゆる地歴並行学習に積み上げる形で第3学年に引き続く歴史的分野と、義務教育の総まとめとしての公民的分野が配置されているのである。

ところで、現行の学習指導要領では新たに、現代社会をとらえる見方や考え方として、「内容」の大項目「(1)私たちと現代社会」の中項目「イ 現代社会をとらえる見方や考え方」（後掲「4.各分野の内容」参照）において、現代社会をとらえる見方・考え方として「対立と合意」「効率と公正」が位置付けられた。社会科カリキュラムにおいて、われわれの生きる社会が価値の多様化した多文化社会であることを認めるようになったということであろう。つまり、そのような社会では「対立」に象徴されるような葛藤（conflict）が社会生活において日常的な出来事となる。考えの異なる人とどうつきあうかということである。その解決がわれわれ市民の課題ということである。解決を通した合意形成は何にもまして重要であり、その合意の妥当性を「効率と公正」によって評価することになる。

第2節　教科及び各分野の目標

本節では、教科の「目標」と各分野の「目標」を下記に示す。

> 目標
> 広い視野に立って、社会に対する関心を高め、諸資料に基づいて多面的・多角的に考察し、我が国の国土と歴史に対する理解と愛情を深め、公民としての基礎的教養を培い、国際社会に生きる平和で民主的な国家・社会の形成者として必要な公民的資質の基礎を養う。

　中学校社会科の目標については、旧学習指導要領では「民主的、平和的な国家・社会の形成者」となっていたのが、「平和で民主的な国家・社会の形成者」と改められたのみで、大きな変化はみられない。

> 〔地理的分野〕
> 目標
> （1）日本や世界の地理的事象に対する関心を高め、広い視野に立って我が国の国土及び世界の諸地域の地域的特色を考察し理解させ、地理的な見方や考え方の基礎を培い、我が国の国土及び世界の諸地域に関する地理的認識を養う。
> （2）日本や世界の地域の諸事象を位置や空間的な広がりとのかかわりでとらえ、それを地域の規模に応じて環境条件や人間の営みなどと関連付けて考察し、地域的特色や地域の課題をとらえさせる。
> （3）大小様々な地域から成り立っている日本や世界の諸地域を比較し関連付けて考察し、それらの地域は相互に関係し合っていることや各地域の特色には地方的特殊性と一般的共通性があること、また、それらは諸条件の変化などに伴って変容していることを理解させる。
> （4）地域調査など具体的な活動を通して地理的事象に対する関心を高め、様々な資料を適切に選択、活用して地理的事象を多面的・多角的に考察し公正に判断するとともに適切に表現する能力や態度を育てる。

　地理的分野の目標観は、日本と世界の地理的事象を把握させてから具体的で身近な地域の学習に進ませる形式になっている。「比較」と「関連」による考察によって「地方的特殊性と一般的共通性があること」を理解させる、すなわち多様性をとらえるとともに共通性の把握も行うという地域把握の方法として具体化されている。かつて(1)では「我が国の国土認識に」重点が置かれていたが、今回の改訂によって「我が国の国土及び世界の諸地域」に関する地域的特色の考察・理解と地理的認識の育成が意図されることとなった。また、「考察し理解させ」とは、単に知識を教えるの

ではなく、生徒が「考察する」という学習過程を経て「理解する」ことの重要性を表したものである。

> 〔歴史的分野〕
> 1　目標
> （1）歴史的事象に対する関心を高め、我が国の歴史の大きな流れを、世界の歴史を背景に、各時代の特色を踏まえて理解させ、それを通して我が国の伝統と文化の特色を広い視野に立って考えさせるとともに、我が国の歴史に対する愛情を深め、国民としての自覚を育てる。
> （2）国家・社会及び文化の発展や人々の生活の向上に尽くした歴史上の人物と現在に伝わる文化遺産を、その時代や地域との関連において理解させ、尊重する態度を育てる。
> （3）歴史にみられる国際関係や文化交流のあらましを理解させ、我が国と諸外国の歴史や文化が相互に深くかかわっていることを考えさせるとともに、他民族の文化、生活などに関心をもたせ、国際協調の精神を養う。
> （4）身近な地域の歴史や具体的な事象の学習を通して歴史に対する興味・関心を高め、様々な資料を活用して歴史的事象を多面的・多角的に考察し公正に判断するとともに適切に表現する能力と態度を育てる。

　歴史的分野の目標観は、世界の歴史との関連を視野に入れた「各時代の特色」を踏まえつつ我が国の歴史の大きな流れを理解させるというものであり、今回の改訂で、歴史の大きな流れを理解させることが歴史学習の中心であることが明記された。

　今回改訂された学習指導要領では、「言語活動の充実」が主要な柱の1つとなっている。ともすると知識の羅列になりがちといわれる歴史学習であるが、思考・判断や表現などの活動を通して「歴史について考察する力や説明する力」を育てるとともに、そうした活動の過程を通して、歴史認識を深めることが重要とされている。生徒が思考・判断・表現などの諸活動に主体的に取り組むためには、導入の工夫が重要であり、学習内容の定着を図るには、まとめについても工夫が求められることはいうまでもない。

〔公民的分野〕
1　目標
(1) 個人の尊厳と人権の尊重の意義、特に自由・権利と責任・義務の関係を広い視野から正しく認識させ、民主主義に関する理解を深めるとともに、国民主権を担う公民として必要な基礎的教養を培う。
(2) 民主政治の意義、国民の生活の向上と経済活動とのかかわり及び現代の社会生活などについて、個人と社会とのかかわりを中心に理解を深め、現代社会についての見方や考え方の基礎を養うとともに、社会の諸問題に着目させ、自ら考えようとする態度を育てる。
(3) 国際的な相互依存関係の深まりの中で、世界平和の実現と人類の福祉の増大のために、各国が相互に主権を尊重し、各国民が協力し合うことが重要であることを認識させるとともに、自国を愛し、その平和と繁栄を図ることが大切であることを自覚させる。
(4) 現代の社会的事象に対する関心を高め、様々な資料を適切に収集、選択して多面的・多角的に考察し、事実を正確にとらえ、公正に判断するとともに適切に表現する能力と態度を育てる。

　公民的分野の目標観は、義務教育の最終段階として社会科の重要な内容の理解が目指されている。地理的分野と歴史的分野の学習を基盤として、民主主義社会を支え発展させていく市民に求められる資質を育成することが重要課題となっている。(1)に示された「民主主義に関する理解を深める」と「公民として必要な基礎的教養を培う」はこの分野固有のねらいである。

　また、地理的分野、歴史的分野、公民的分野、いずれの分野においても「公正に判断する」「適切に表現する」ことが重視されており、最終目標とされているのである。「公正に判断する」とは具体的にどうすることなのか、その判断に基づいて「適切に表現する」とはどのようなことであるのかについて常に考えておく必要があることはいうまでもない。

　ところで、この「公正」という文言は1947年に社会科が発足した当初から目標の中に位置付けられており、幾度にもわたる学習指導要領の改訂を経てもなお変化がない。また社会科の目標は「公正」と深く関わる「公民的資質の育成」といわれ、社会科が発足して70年近くになるが、「公民的資質」の概念規定を模索する努力そのものが、裾野の広い日本の社会科教育実践を生み出すことにつながってきた。裾野が広がる一方で、要の役割

を果たし続けているのが「公正」への眼差しである。社会科授業では人・物・事等に関わって、多様な視点から「公正とはどういうことか」を多角的に追究し、社会参画の基礎的態度を養いたい。

第3節 各分野の内容

本項では、各分野の内容について中項目まで下記に示す。

〔地理的分野〕
内容
　（1）世界の様々な地域
　　　ア　世界の地域構成
　　　イ　世界各地の人々の生活と環境
　　　ウ　世界の諸地域
　　　エ　世界の様々な地域の調査
　（2）日本の様々な地域
　　　ア　日本の地域構成
　　　イ　世界と比べた日本の地域的特色
　　　ウ　日本の諸地域
　　　エ　身近な地域の調査

　地理的分野の内容は、世界地理と日本地理の2本立てとなっている。大項目(1)では世界を取り上げる。アでは基礎的な知識や技能を習得させ、イで世界の多様性に目を向けさせる。ウで世界の諸地域に関する地誌学習を行い、エで知識や概念をもとにして技能の活用を行う内容構成となっている。いわば地理的な学び方を習得させる内容といえる。地理的な事象を個別に理解させるのではなく、位置や空間的広がりとの関わりでとらえさせ、それらの事象を地域という枠組みの中でその特色を中心に考察させることが学習指導において求められている。

　大項目(2)では日本を取り上げる。アで基礎的な知識や技能を習得させてから、イでは日本を世界に位置付けて、マクロな視点から日本をとらえさせる。その日本をミクロな視点でとらえて動態地誌的な学習をさせるのが

ウである。地域的特色を網羅的に扱うのではなく、その特色がどのような要因によってもたらされているかを、他の事象と関連付けながら追究するのである。これらを受けて最終的に、地域社会へ参画しようとする意思を育み探究的な学習を深めることが意図されているのである。

〔歴史的分野〕
内容
(1) 歴史のとらえ方
　ア　我が国の歴史上の人物や出来事などについて調べたり考えたりするなどの活動を通して、時代の区分やその移り変わりに気付かせ、歴史を学ぶ意欲を高めるとともに、年代の表し方や時代区分についての基本的な内容を理解させる。
　イ　身近な地域の歴史を調べる活動を通して、地域への関心を高め、地域の具体的な事柄とのかかわりの中で我が国の歴史を理解させるとともに、受け継がれてきた伝統や文化への関心を高め、歴史の学び方を身に付けさせる。
　ウ　学習した内容を活用してその時代を大観し表現する活動を通して、各時代の特色をとらえさせる。
(2) 古代までの日本
　ア　世界の古代文明や宗教のおこり、日本列島における農耕の広まりと生活の変化や当時の人々の信仰、大和朝廷による統一と東アジアとのかかわりなどを通して、世界の各地で文明が築かれ、東アジアの文明の影響を受けながら我が国で国家が形成されていったことを理解させる。
　イ　律令国家の確立に至るまでの過程、摂関政治などを通して、大陸の文物や制度を積極的に取り入れながら国家の仕組みが整えられ、その後、天皇や貴族の政治が展開したことを理解させる。
　ウ　仏教の伝来とその影響、仮名文字の成立などを通して、国際的な要素をもった文化が栄え、後に文化の国風化が進んだことを理解させる。
(3) 中世の日本
　ア　鎌倉幕府の成立、南北朝の争乱と室町幕府、東アジアの国際関係、応仁の乱後の社会的な変動などを通して、武家政治の特色を考えさせ、武士が台頭して武家政権が成立し、その支配が次第に全国に広まるとともに、東アジア世界との密接なかかわりがみられたことを理解させる。
　イ　農業など諸産業の発達、畿内を中心とした都市や農村における自治的な仕組みの成立、禅宗の文化的な影響などを通して、武家政治の展開や民衆の成長を背景とした社会や文化が生まれたこと

を理解させる。
(4) 近世の日本
　ア　戦国の動乱、ヨーロッパ人来航の背景とその影響、織田・豊臣による統一事業とその当時の対外関係、武将や豪商などの生活文化の展開などを通して、近世社会の基礎がつくられていったことを理解させる。
　イ　江戸幕府の成立と大名統制、鎖国政策、身分制度の確立及び農村の様子、鎖国下の対外関係などを通して、江戸幕府の政治の特色を考えさせ、幕府と藩による支配が確立したことを理解させる。
　ウ　産業や交通の発達、教育の普及と文化の広がりなどを通して、町人文化が都市を中心に形成されたことや、各地方の生活文化が生まれたことを理解させる。
　エ　社会の変動や欧米諸国の接近、幕府の政治改革、新しい学問・思想の動きなどを通して、幕府の政治が次第に行き詰まりをみせたことを理解させる。
(5) 近代の日本と世界
　ア　欧米諸国における市民革命や産業革命、アジア諸国の動きなどを通して、欧米諸国が近代社会を成立させてアジアへ進出したことを理解させる。
　イ　開国とその影響、富国強兵・殖産興業政策、文明開化などを通して、新政府による改革の特色を考えさせ、明治維新によって近代国家の基礎が整えられて、人々の生活が大きく変化したことを理解させる。
　ウ　自由民権運動、大日本帝国憲法の制定、日清・日露戦争、条約改正などを通して、立憲制の国家が成立して議会政治が始まるとともに、我が国の国際的地位が向上したことを理解させる。
　エ　我が国の産業革命、この時期の国民生活の変化、学問・教育・科学・芸術の発展などを通して、我が国で近代産業が発展し、近代文化が形成されたことを理解させる。
　オ　第１次世界大戦の背景とその影響、民族運動の高まりと国際協調の動き、我が国の国民の政治的自覚の高まりと文化の大衆化などを通して、第１次世界大戦前後の国際情勢及び我が国の動きと、大戦後に国際平和への努力がなされたことを理解させる。
　カ　経済の世界的な混乱と社会問題の発生、昭和初期から第２次世界大戦の終結までの我が国の政治・外交の動き、中国などアジア諸国との関係、欧米諸国の動き、戦時下の国民の生活などを通して、軍部の台頭から戦争までの経過と、大戦が人類全体に惨禍を及ぼしたことを理解させる。
(6) 現代の日本と世界
　ア　冷戦、我が国の民主化と再建の過程、国際社会への復帰などを通して、第２次世界大戦後の諸改革の特色を考えさせ、世界の動

> きの中で新しい日本の建設が進められたことを理解させる。
> イ 高度経済成長、国際社会とのかかわり、冷戦の終結などを通して、我が国の経済や科学技術が急速に発展して国民の生活が向上し、国際社会において我が国の役割が大きくなってきたことを理解させる。

　歴史的分野の内容は、まず学習の方法論を習得させてから5つの時代について学習する形式になっている。大項目(1)は中学校の歴史学習の入口に設けられ、小学校の歴史学習における既習内容が、歴史の移り変わりという大きな流れの中に位置付けられることが期待されている。「ウ 学習した内容を活用してその時代を大観し表現する活動を通して、各時代の特色をとらえさせる」は新設項目である。ともすると知識の羅列や事象の暗記に傾きがちであった歴史学習を改め、時代の流れを把握しその意味を考え、さらに思考したことを他者にわかりやすく伝える力を培うことが求められている。学び方に具体的に触れるこの傾向は、今回の改訂において一貫している。

　地域の歴史については、地域の伝統文化・伝統芸能や伝統的な建築、戦争遺跡などを博物館の展示や学芸員による解説を活用して学習することも有効である。各時代を大観することについては、特に教科書には示されていないので教師が独自に授業づくりをする必要がある。どのような時代であったかをキーワードをつかってまとめ、次の時代の学習の冒頭でどう時代が変化したのかを考える材料とすることも考えられる。

> 〔公民的分野〕
> 内容
> （1）私たちと現代社会
> 　　ア　私たちが生きる現代社会と文化
> 　現代日本の特色として少子高齢化、情報化、グローバル化などがみられることを理解させるとともに、それらが政治、経済、国際関係に影響を与えていることに気付かせる。また、現代社会における文化の意義や影響を理解させるとともに、我が国の伝統と文化に関心をもたせ、文化の継承と創造の意義に気付かせる。

イ　現代社会をとらえる見方や考え方
　人間は本来社会的存在であることに着目させ、社会生活における物事の決定の仕方、きまりの意義について考えさせ、現代社会をとらえる見方や考え方の基礎として、対立と合意、効率と公正などについて理解させる。その際、個人の尊厳と両性の本質的平等、契約の重要性やそれを守ることの意義及び個人の責任などに気付かせる。
（２）私たちと経済
　　　ア　市場の働きと経済
　身近な消費生活を中心に経済活動の意義を理解させるとともに、価格の働きに着目させて市場経済の基本的な考え方について理解させる。また、現代の生産や金融などの仕組みや働きを理解させるとともに、社会における企業の役割と責任について考えさせる。その際、社会生活における職業の意義と役割及び雇用と労働条件の改善について、勤労の権利と義務、労働組合の意義及び労働基準法の精神と関連付けて考えさせる。
　　　イ　国民の生活と政府の役割
　国民の生活と福祉の向上を図るために、社会資本の整備、公害の防止など環境の保全、社会保障の充実、消費者の保護など、市場の働きにゆだねることが難しい諸問題に関して、国や地方公共団体が果たしている役割について考えさせる。また、財源の確保と配分という観点から財政の役割について考えさせる。その際、租税の意義と役割について考えさせるとともに、国民の納税の義務について理解させる。
（３）私たちと政治
　　　ア　人間の尊重と日本国憲法の基本的原則
　人間の尊重についての考え方を、基本的人権を中心に深めさせ、法の意義を理解させるとともに、民主的な社会生活を営むためには、法に基づく政治が大切であることを理解させ、我が国の政治が日本国憲法に基づいて行われていることの意義について考えさせる。また、日本国憲法が基本的人権の尊重、国民主権及び平和主義を基本的原則としていることについての理解を深め、日本国及び日本国民統合の象徴としての天皇の地位と天皇の国事に関する行為について理解させる。
　　　イ　民主政治と政治参加
　地方自治の基本的な考え方について理解させる。その際、地方公共団体の政治の仕組みについて理解させるとともに、住民の権利や義務に関連させて、地方自治の発展に寄与しようとする住民としての自治意識の基礎を育てる。また、国会を中心とする我が国の民主政治の仕組みのあらましや政党の役割を理解させ、議会制民主主義の意義について考えさせるとともに、多数決の原理とその運用の在り方について理解を深めさせる。さらに、国民の権利を守り、社会の秩序を維持するために、法に基づく公正な裁判の保障があることについて理解させるとともに、民主政治の推進と、公正な世論の形成や国民の政治参加との関連について考えさせる。その際、選挙の意義について考えさせる。

> （４）私たちと国際社会の諸課題
> 　　ア　世界平和と人類の福祉の増大
> 　世界平和の実現と人類の福祉の増大のためには、国際協調の観点から、国家間の相互の主権の尊重と協力、各国民の相互理解と協力及び国際連合をはじめとする国際機構などの役割が大切であることを認識させ、国際社会における我が国の役割について考えさせる。その際、日本国憲法の平和主義について理解を深め、我が国の安全と防衛及び国際貢献について考えさせるとともに、核兵器などの脅威に着目させ、戦争を防止し、世界平和を確立するための熱意と協力の態度を育てる。また、地球環境、資源・エネルギー、貧困などの課題の解決のために経済的、技術的な協力などが大切であることを理解させる。
> 　　イ　よりよい社会を目指して
> 　持続可能な社会を形成するという観点から、私たちがよりよい社会を築いていくために解決すべき課題を探究させ、自分の考えをまとめさせる。

　公民的分野の内容構成は、大項目(1)において、現代社会の特色や概要を理解させるとともに、現代社会をとらえる方法論の習得が目指されている。中項目イに示されている「対立と合意」「効率と公正」が現代社会をとらえる見方や考え方の基礎であり、これ以降の経済学習、政治学習、国際社会の学習の際に踏まえるべきものとされている。現代の社会的事象は多面的な性格を有しているために、形式的にとらえることは難しい。社会的事象が複雑なバランスの上に成り立っていることの理解には、そうした見方や考え方を活用することが重要なのである。社会的事象はすべて人間が引き起こすものであり、内に人間的行為が必ず含まれている。自ずと多面的な性格を有するようにもなっている。したがってどのような着眼点や切り口をもって具体的事象に迫ってゆくかが学習の鍵となる。そうした社会へ参加・参画する力を育むこともまた今回の改訂の要点に含まれている。現代社会の知的理解にとどまらず、社会的諸課題を自らのこととして主体的にその改善策を考えたり、社会の発展に寄与しようとする意欲を喚起したりすることが特に重視されている。

　学習指導要領のこの項目（「内容」）を概観してみると、何を教えるかについてはどこにも書かれていないことがわかる。さらにこの次の項目は「内容の取扱い」となっている。つまり、ここに示された内容を取扱って

「何かを教える」ことが教師には期待されているということである。子どもたちの実状に応じて教えるべきことを確定する、まさにこのことが教師に期待される専門的力量なのである。

第4節　指導計画の作成と学習指導の留意点

1. 指導計画の作成

(1)「取扱う」という視点の重要性

　社会科では、「子どもたちに教えることがあらかじめ決まっていて、教師はそれを伝達する役割を担っている」という誤解がある。ここには二重の誤解が存在する。「教えることがあらかじめ決まっている」という点と「教師は知識の伝達役である」という点である。「社会科で教えることは既に決まっている」という考えは、さらに「社会科は暗記教科である」という誤解を生み出している。だが受けもつ子どもたちは、それぞれの家庭環境や社会環境などの影響を受けてきた相異なる固有の存在であり、興味・関心、必要とする知識、学習課題など、あらゆる面において多様な存在なのである。そうした多様な子どもたちに「既に決まっている」ような一律の内容や、不特定多数の子どもたちを想定して書かれた教科書の記述を教えてみたところで、何にもならないということになるはずなのである。
　ところが実際には、「社会科の授業では、教科書に書いてあることをわかりやすく、興味をもてるように子どもたちに伝えることが重要である」というような誤解をしている教職志望の学生が大変多い。
　そうした誤解が定着してしまった結果、「教師は知識の伝達役である」という誤解が生まれてきた。だが実際の教師の役割はそうではない。学習指導要領の記述は「目標」「内容」「内容の取扱い」に分けて解説されている。「内容の取扱い」という表現からもわかるように、「内容」は教えるの

ではなく「取扱う」ことになっている。「取扱う」ことによって「何か」を獲得させるのである。学習指導要領に基づいてつくられている教科書も同様である。教科書の記述は教えるものではないのである。

　獲得させる「何か」は、目の前にいる子どもたちに応じて教師自身が決めなければならない。何を教材として「取扱う」かも同様である。

（2）教材を教師が作るという視点

　われわれの社会生活は、自然環境・社会環境に対する人間の活動によって生まれるさまざまな文化や、それを基盤とする政治・経済・社会的な事象などからなりたっている。社会科学習ではこれらについての認識と、自己の啓発に求められる態度・能力の育成を目的としている。その実現に向けて教師には教材研究を精力的に行うことが要請されている。

　社会科の学習では、さまざまな社会的事象について学習する。社会的事象はすべて人間が引き起こすものであり、そこには当然一定の人間的行為が存在する。教材はそうした社会的事象や概念をとらえるための媒介物であり、その意味において教材は視点や角度を備えている。その見方は、自分が受けもつ子どもたちの見方でなければならない。したがって、教材は選ぶものではなく、子どもたちに合わせて作るものなのである。いくらよい題材・材料が得られても、授業者自身の考えが明確でない限り教材にはなり得ない。授業者の主体的な教材研究が求められる理由はここにある。

（3）「切実性」ある教材研究という視点

　教材研究をする場合、子どもの性格や成育環境、学習意欲、興味、問題関心を的確に把握しておくことが重要である。また学級における子ども同士の人間関係や問題状況について敏感であることも求められる。子どもの内面に新たな認識や課題が生まれようとしている時、子どもが意識して変わろうとしている時、的確にそれを察知して社会科の授業に関連させることが学級経営的な観点からも特に求められる。

　学習課題を複数設定するのもよい。個々の子どもが、興味ある課題を追

究することは、学習の個別化と結びつく。また、1つのテーマに複数の学習課題を設定することは、さまざまな角度からの追究を可能にする。

そのためには子どもが自ら学ぶことで、将来に向けて学習を継続する意思が形成されるような学習課題づくりがなされなければならない。それには、(a)学習者が興味を抱き意欲的に取り組むことができる事象、(b)整理された知識よりもむしろ未解明で疑問を抱かせ興味を拡大させる事象、(c)多面的に考察でき、いろいろな考え方があることがわかる事象、(d)課題の解決が新たな課題を生む事象、などが適している。また、矛盾を含み疑問を喚起する教材づくりをするのもよい。

(4) 子どもの発達段階への配慮という視点

配慮する必要があるのは学習内容の抽象度である。内容の選択にあたっては発達段階を考慮して、理論の習得ではなく具体的な知識によって内容を構成することが求められる。だが、具体的であっても断片的な知識では、単なる事象の事実認識や確認が中心になり、興味・関心・意欲を喚起することとは結びつきにくく、かえって表面的な知識理解に偏した授業展開に陥りがちになる。これを避けるためには、子どもの生活経験や生活環境、関心の方向性等についてあらかじめ把握しておき、学習内容を子どもの実生活と関連させて学習を進めて行くことができるようにしなければならない。

2. 学習指導のあり方

(1) 学習意欲と意志の形成という視点

学習課題に興味や関心をもって取り組んだり、疑問を抱いたりすることによって、子どもに課題意識が生まれる。課題に積極的に取り組む意欲こそ、社会科学習の目標である公民的資質の形成に迫る鍵となる。それには、子どもの知的好奇心を喚起することで内発性を高めたり、ゆとりをもたせ

ることで疑問に対する意欲を高めたりするといった工夫をしたい。

（２）学習の仕方の習得という視点

　社会科の学習では、人間と人間、人間と社会の関係という、社会のしくみとはたらきに関する学習課題の追究を行う。ここでは追究の仕方を学び、物事を関連付けてとらえるとらえかたを学ぶ。そうすることで、事象の認識の仕方を身につけ、意義がわかるようになることが重要である。

　具体的には、社会的事象に対し積極的に疑問を抱く力、自分で自分なりの目標を設定し、達成のために必要な知識・情報を選択する能力などが求められる。

（３）生き方の探求という視点

　将来に向けて変化し続ける社会では、そこに生きる人間の主体性が問われる。社会の変化に主体的に対応し、よりよい生き方を見出し、自ら進路を選択できるということがここでいう主体性である。この主体性をもちつつも、自己を適切に抑制し、他者を尊重しつつ人間関係を良好なものに築いていくことのできる資質が求められる。事象の客観的把握に終わることのないよう、問題解決的、問題探究的な学習形式によって、実生活における具体的な事象と関連させ、事象を自分自身の課題として探究させる。そうすることで、学習者が主体的に学習課題に迫り、そしてさらに、１つの課題の解決が次の課題を生み、探究が継続するように構成することが大切なのである。

【付記】
　「第４節　指導計画の作成と学習指導の留意点」は、拙稿「第５章　教材研究と授業研究の視点」［森茂ほか編著 2011：109-129］の一部を改変したものである。

参考文献

森茂岳雄、大友秀明、桐谷正信編著『新社会科教育の世界――歴史・理論・実践』梓出版社、2011年

米国の社会科

　米国の社会科（social studies）が正式に成立したのは1916年のNEA（National Education Association）のレポートによるとされている。だが独立後の18世紀後半から、新しい国づくりのため社会に関する教育は行われていた。米国建国の理念「自由と平等」は広く知られた考え方であるが、米国の紙幣に記されている国是「多様の統一（e pluribus unum）」の実現についても社会科が重要な役割を担っている。

　1954年ブラウン判決で公立学校における人種隔離教育が禁じられたことにより、1960年代にかけて教育のみならず全米のあらゆる分野に公民権運動が波及することになる。1960年代の新進歩主義による学校教育の人間化、その反動としての1970年代の「基礎に返れ（back to basics）」運動、ベトナム戦争の膨大な出費のツケからくる国際競争力の低下を徹底的に反省した1980年代の教育改革のように、米国の社会科は「よりよい市民育成」と「学力向上」の間を振り子のように揺れ動いてきた。

　1980年代前半の学力問題をきっかけにして、1991年に出された「アメリカ2000」構想を経て、学力向上を至上命題とする連邦教育法「2000年の目標」が1994年に成立する。米国史上初めて全米の教育目標が設定され、連邦政府の地方教育行政への介入が明確化されたということである。社会科においてもナショナルスタンダードを策定する動きが加速した。

　米国の教育、特に社会科は、米国人の備えるべき教養をどう考えるか（西欧的教養を中心に据えるか否か）といったアイデンティティの形成に関わるテーマや、上記のブラウン判決に代表される異なる市民間の「等しさ」をどう確定するかといった価値観や社会正義に関わる問題を対象としてきた。時に社会科だけでは学習しきれず、他教科との合科的な学習により深める場合も少なくない。したがって、米国の社会科について調べたり研究を深めたりする際には、社会科カリキュラムを検討したり社会科の授業観察をしたりするだけでは不十分であり、例えばLanguage Arts等の近接教科について検討することが不可欠となる。

学習指導案の作成

はじめに——本章の内容を学ぶ意義と概要

　学習指導案の作成は、教育実習というとそれを思い浮かべるほど大きな存在である。しかし、そもそもなぜ学習指導案を作成するのだろうか？　そこにはどんなことを織り込むべきなのだろうか？　単元はどのように構成し、毎時間の授業はどのように展開したらよいのだろうか？
　後二者について「ベスト・アンサー」はない。教科書会社が出している教師用指導書にも例が出ているが、授業の主人公は生徒であり、生徒が異なれば、授業のあり方も異なる。さらに社会科の場合、例えば都市部と農村部とで、あるいは北海道と九州とで、それぞれの地域性を活かした、あるいは地域教材を活かした学習指導を工夫する必要がある。

第1節　学習指導案の目的と機能

1. 学習指導案の目的

　学習指導案は各授業の意義や学習者の学びのプロセス、評価等について示したもので、教材研究の集大成といえる。教材研究において最も大切なことは、何のために生徒を拘束してその授業をするのか、どういう内容をどういう視点から取り上げるかといった授業観を確立することにある。教科書にあるから、受験があるからではない。授業観が確立すれば学習指導案は容易に作成できるといっても過言ではない。教師の独りよがりにならず、「これに気づいてほしい、理解してほしい」「こういう力をつけたい」といった思いをもつようにしてほしい。

2. 学習指導案の内容と構成

　学習指導案は単元と本時の授業について、それぞれ目標、教材観、指導計画（単元構成、本時の展開）、評価等から構成される。教材観は単元・本時の設定理由と指導の視点や方法等について、学問の論理と生徒の実態、社会の要請等を踏まえて考えたものである。特に主人公である生徒の実態を把握することが重要である。これまでどんな学習をしてどんな知識や見方・考え方をもっているのか、逆にいえばどんな知識等はもっていないのか、どんなことに関心がありそうかとらえる。そのために、何人か異なるタイプの生徒の顔を具体的に思い浮かべて考えるとよいだろう。

　学習指導案、特に本時の展開には、さまざまな様式がみられる。特定の様式にこだわりのある教師も散見されるが、固定的にとらえず、よりよいものを目指して工夫するのがよいだろう。

3. 学習指導案の機能——シナリオとカルテ

　学習指導案にはシナリオとカルテの役割があるという［田部・田尻編著2009］。劇のシナリオと異なり、授業では生徒の思わぬ発言などで、シナリオを変えざるを得ないことは多々ある。教材観が確立していれば、すなわち授業の目標が明確になっていて、学習内容が構造化されていれば、生徒の出方や反応に応じて柔軟に対応することができるものである。

　カルテとしての機能は、特に授業研究で発揮される。教材観が適切であったか、授業の展開は適切であったかなどについて考察する。生徒の反応や授業の反省等を書き留めておくと、次に授業を計画する際に生かせる。

第2節　教材研究

1. 教科書の活用と社会科の目標

　教材研究では、まず学習指導要領、同解説、教科書を踏まえて、関連する文献等にあたり、内容を研究する。そこで得たことについて、生徒の実態を踏まえて検討し、教材観を確立し、わかりやすい具体的な資料を選ぶ。

　主たる教材である教科書は学者や教師が多大な時間をかけて工夫した産物であり、よく読みこなすべきである。他社の教科書も考察するとよい。教材も単元構成も違いがみられる。それは教材観の違いを映し出している。

　教科書の本文や資料はいわば骨にあたる。それにいかに肉付けして、生徒の関心を高めたり定着しやすくしたりするか、教師の腕の見せどころである。社会科の教科書は演繹的に書かれているが、授業は帰納的に展開する方が追究させやすいことが少なくない。教科書は、どんな教材が必要か、どういう展開をしたらよいかなどを考える出発点である。

　教材観を考える基本として、社会科の目標を十分認識する必要がある。社会科は公民的・市民的資質を育成するためにある。例えば生徒が選挙の

仕組みを理解しても、将来投票をしなければ意味が薄れる。現行学習指導要領は社会参画を特に強調している。何のために社会科を指導するのか、それをよく認識して、単元や毎時間の授業を構想すべきである。

　社会科は社会認識を育てる教科といわれる。その社会認識には事実認識と価値認識がある。とかく事実認識に偏りがちであるが、価値認識を吟味することも大切である。特定の価値観を強制することがあってはならないが、さまざまな価値観に気づかせ、自分なりの考えをもてるようにしたい。そしてそれに固執せず、常にその適切性を吟味する態度を育てたい。

　なお、関連する内容を理科や家庭科、保健体育等で取り上げていることがある。その場合には、それらの教科書に目を通しておこう。

2．教材収集の方法

　基本的な図書を複数読みたい。専門書がよいとは限らない。新書やブックレット、中高生向け図書は参考になることが多い。掲載されている図版等も活用できる。参考文献にあたれば、教材を幅広く収集できる。

　地図帳も教科書として提供されている。地図帳の資料を積極的に活用すべきである。特に地理的分野の学習指導では、地図帳の資料を中心に展開できるほどである。学校用に編集された資料集も活用できる。

　インターネットについては、特に一次資料である統計や写真等の収集をお勧めするが、図書は責任の所在がはっきりしていて、信頼がおける。

　視聴覚資料は生徒の関心を高めやすい。日ごろからよい番組の録画を意識したい。それは新聞記事も同じで、PDFデータ形式でファイリングすると整理しやすい。社会科の教師は世の中の動向に目を向けるべきである。

　何よりも臨場感を与え説得力があるのは、教師が実際に見たり聞いたりしたことである。特に地域教材を活用すると、生徒の関心は高まる。地域の図書館の郷土資料コーナーや博物館、市役所・町村役場等を活用し、そこで得た資料等を踏まえて、現地に行って観察・聞き取り等をしよう。

　以上のような姿勢が、結果的に生徒の資料活用能力を高めるものである。

現行学習指導要領は言語活動を強調している。生徒自身による適切な資料を踏まえた考察を通して、確かな根拠を基に社会的事象を考察する習慣を身につけるようにしたい。

第3節　単元の目標設定、学習過程、評価計画と子どもの理解

1.　単元の目標設定と評価

　生徒の実態を把握するために、小学校も含めて教科書等から、これまでの学習経験をつかむ。他にマス・メディアからの情報や、スポーツなど生徒の関心事から得られる情報もある。そうした情報には偏りがあることがよくある。その根拠を考え、疑問をもたせることは意義深い。また、例えば輸入品など日常生活で関わりがあるのに気づいていないことがよくある。できれば生徒の既得知識とずれがあるような内容を取り上げて、おかしいなと疑問をもたせるとよい。生徒の発想を活かすようにしたい。また、中学生は社会への関心が高まる時期である。生徒の感性に訴え、なぜそんなことが起きるのだろうという疑問をもたせるようにしたい。

　この他、事前に知っていることや教科書を読んで疑問に思ったことや知りたいことなどを書いてもらうとよい。生徒との会話もよい機会である。

　学級の特色をとらえることも大切である。各学級のよい面を伸ばすような授業展開を工夫したい。時には講義形式が中心であってもよいし、グループ作業が中心になってもよい。単元の展開の中で目標や教材に応じて多様な展開を試みることを勧めたい。

　目標は観点別評価の4観点を踏まえて、知識・理解に偏らないようにする。毎時間の授業で達成できることには限界がある。特に思考力や資料活用力、態度は一朝一夕に育成できるものではない。各時間の授業の目標を列挙するのではなく、単元を通した目標を設定する。

　目標を定めたら、各観点に対応した単元末の望まれる生徒像を考え、評

価できるようにする。毎時間の授業では４観点すべてを評価する必要はない。４観点を各時間の目標に応じてバランスよく配置するとよい。その点、あるテーマについて関心・意欲を高め、資料を適切に使って思考・判断・表現し、知識・理解を得させる探究的な学習を位置付ける意義は大きい。

2. 単元構成

　社会科では取り上げる学習内容が多い。それらの学習内容を書き出し、因果関係等それぞれのつながりを図化すると、学習内容を構造的にとらえられ、中核的な内容をつかむことができる。

　次に、その構造図をみて、どういう順番で取り上げたら興味深く学習を進められるか考える。例えば諸地域学習では自然から学習するものと決めつけてはいないだろうか。日本の諸地域の学習で求められている動態地誌的な学習では、正にさまざまな地理的事象の関連を踏まえて構成するのである。生徒がその地域の農産物になじみがあれば、農業を取り上げてから、その背景としての自然的条件を考察すればよいのである。柔軟に考えよう！

第4節　本時案の作成

1. 本時の目標と評価の設定

　各時間でできることは限られている。指導目標は２つ程度に絞り込んだ方がよい。そして、それぞれに対応した各時間の評価は具体的に示し、学習の主人公である生徒が何をどのくらい学んだか明確に把握できるようにする。後に示す事例（以下「本時」。第５節〔p. 179～〕参照）では、最後のまとめで書いた文章を読むことのほか、フェア・トレードの仕組みを通してその意義を考える際に、それまでの学習内容の理解度を評価できる。

2．導 入

　導入では学習内容への関心を高めることが必要で、生徒の既得知識に揺さぶりをかけたり、生徒の感性に訴えたりするようなインパクトのある内容を位置付けたい。単に面白い内容を提示しても、後の展開につながらないようでは意味がない。主発問につながるような導入を工夫しよう。

　本時では、生徒がよく知っている商品を取り上げ、そこからガーナを、さらに統計と地図からギニア湾岸諸国に関心をもたせるようにした。さらに、カカオ豆の原産地が中央アメリカから南アメリカの熱帯地域であることから、なぜ主産地がギニア湾岸にあるのか疑問をもたせることにした。

3．展 開——主発問と教材の配列、板書

　単元の指導計画と同様に学習内容を書き出し、その相互関係を図化した教材の構造図を書いてみると、本時の目標につながるような中核的な内容が、すなわち主発問の内容が浮かび上がる。生徒の日常生活やニュース等を活用して、主発問を自分事として意識させるように工夫しよう。

　構造図を踏まえて、資料と発問の配列を考える。資料には関心を高める、疑問をもたせる、具体化する、考察する、事実を確かめる、まとめるなどさまざまな機能がある。各資料の特徴に応じて、どんな目的でどういう順に提示したらよいか工夫しよう。発問にも知識を問う、資料の読み取りを問う、テーマを引き出す、まとめるなどさまざまな種類があるが、主発問は多様な回答が期待される内容とする。そして、その解決のために適切な資料を選択して調べ追究するような活動を伴うようにする。

　例示したアフリカ州の農業では、教科書でも歴史的背景を先にとらえる展開が多い。しかし、なぜ原産地ではないギニア湾岸で盛んなのか追究すれば、自分で発見した分、印象に残り定着しやすい。そして、カカオ豆生産という事例を通して、アフリカ州の農業の一般化へと展開した。概念的知識は具体的な事例を通して初めて理解し、習得できるからである。

板書内容は事前に計画しておく。板書はその時々の学習過程を視覚に訴え整理する働きがあるので、構造的に書くとよい。ワークシートは板書同様、学習過程がわかるが、授業のシナリオがみえてしまい、面白さが半減したり結論優先主義を誘発したりする恐れがあることに留意したい。

4. まとめ

　最後に本時の中核的な内容を表現させたり次の課題を設定したりする。自分の言葉で、あるいは地理や歴史では地図や年表に、公民では図表に、それぞれまとめさせるとよい。まとめの方法も、授業を重ねるにつれて、生徒に工夫させてもよい。

　まとめは評価の時間としても位置付けられる。生徒の反応によっては、学習内容を再確認するなどの対応を考えておくとよい。

第5節　中学校社会科（地理的分野）学習指導案の例

（1）単元名

「アフリカ州」

（2）単元の教材観

　生徒のアフリカ州に関する知識は乏しい。しかも、その知識の多くはメディアを通したもので、貧困や紛争などマイナス・イメージの内容が多い。距離的に遠く、日常生活の中でアフリカとの結びつきを知る機会が少ないことが影響している。それでもカカオ豆やレアメタルのように生徒の生活に直結している輸入品もある。そうした例を通して、アフリカの人々の生活とその課題について関心をもたせることが期待できる。また、大都市の景観写真などは生徒に意外性を覚えさせるであろう。

アフリカ大陸は世界で二番目に大きな大陸であり、熱帯雨林や砂漠から温帯の地域もあり、地域的多様性に富む。資源が豊かで、経済成長率が高い国も散見される。その一方、食料不足や内戦など自立を妨げる問題は無視できない。例えば内戦は民族分布を無視して植民地分割がなされた影響が大きいなど、植民地時代の影響が大きいことに気づかせる必要がある。

　以上のことから、本単元では主題として「自立への道」を設定し、その実態と課題について、歴史的背景に留意して考察させる。その際、生徒にアフリカ州の問題を自分の問題として意識させるように工夫するとともに、地図等を通してその地域的多様性に着目させるようにする。

　各時の展開では、具体的な地域事例を通して考察した上で、アフリカ州全体の様子をとらえるようにして、生徒の関心を高め、わかりやすくする。

（3）単元の目標と評価

- アフリカ州への関心を高め、客観的に考察しようとする態度を育てる。
- アフリカ州の地域的特色と課題を多面的に考察し、表現しようとする。
- アフリカ州について、地図や統計資料、写真等を使って考察している。
- アフリカ州の地域的特色についての知識を多面的にとらえ理解している。

（評価）

- 日本とのつながりや日本との比較に関心をもち、設定された学習テーマを意欲的に考察しようとしている。
- アフリカ州の地域的特色と課題について、歴史的背景に留意して考察し、その結果を適切に表現している。
- アフリカ州の産業や人口の問題点を、適切な資料を選択して考察したり、アフリカ州の地域的多様性について地図を使ってとらえたりしている。
- アフリカ州の自然環境の地域的多様性をとらえ、産業の特色と課題について歴史的な知識を踏まえて、その地域的特色を理解している。

（４）指導計画（全４時間）

①アフリカ州の概観——地図から読むアフリカ州
②商品作物栽培と自給作物栽培——ガーナを例に（本時）
③人口の都市集中——ケニアを例に
④豊かな鉱産資源と自立への道——コンゴを例に

（５）対象学級生徒について（略）

（６）本時について

①**本時の教材観**

　生徒にとって遠い存在であるアフリカ州への関心を高めるため、生徒が大好きなチョコレートの原料であるカカオ豆の生産を取り上げれば、その課題も自分事としてとらえるようになることが期待できると考える。

　カカオ豆の原産地は南アメリカ州であり、ヨーロッパ諸国が植民地時代に輸出用農産物としてアフリカ州で生産させた。独立後も外貨獲得源として重要であるが、価格は国際相場が握っており、農民が得られる利益は不安定で少なく、児童労働が問題になった。また、輸出用農産物生産が優先され、自給用農産物生産は人口の増加に追い付いていない。

　一方、自給的農業には生態系を活かした伝統的な知恵を見出せる。混作もその例で、農業の近代化で推進された大規模な単一栽培の持続可能性が懸念される中、自然環境に適応した農業生産を見直す契機としたい。陰樹であるカカオ栽培にも混作の知恵が活かされていることは興味深い。

②**本時の目標と評価**

- ガーナでのカカオ豆生産を通して、植民地時代に始まった輸出用農産物生産が各国の重要な産業であることを、資料を使ってとらえる。
- 輸出用農産物生産が抱える問題を自分事としてとらえるとともに、自給用農産物生産にみられる生態系を活かした人々の知恵に気づく。

（評価）
- カカオ豆の生産と輸出、ガーナの輸出品などの統計から、カカオ豆生産がガーナでは重要な産業であることをとらえている。
- フェア・トレードのねらいを通して、カカオ豆生産農家の利益が少ないといった問題点を指摘できるとともに、自分たちが食べている食品を生産している人々の悩みや混作にみられる人々の知恵を共感的に受け止めている。

③本時の展開

過程	学習内容	予想される生徒の活動	資料	指導上の留意点
導入 10	チョコレート カカオ豆の生産	・ガーナチョコレートについて知っていることを出す。 ・カカオ豆の主要生産国の位置を調べ、それらの国で多く生産されている理由を予想する。→自然環境中心の予想 ・カカオ豆の原産地がアフリカ州ではないことに驚く。植民地時代の産物であること。	チョコレート カカオ豆生産統計地図 カカオ豆の説明文	・ミルクチョコレートはスイスが発祥地である。 ・ギニア湾岸に集中していることに注目させる。 ・ヨーロッパから近いことをとらえる。
展開 20 30 35 45	輸出用農産物 生産の問題点 フェア・トレード アフリカ州の農業 自給用農業生産	・生産量のほとんどを輸出していることに驚く。 ガーナでチョコレートを食べないのはなぜだろう ・予想を出す（貧しい、溶けちゃう、輸出してもうける）。 ・提示された資料から考える（重要な輸出品。原料のまま輸出。農民の利益が少ない）。 ・価格はロンドンで決められ、安く買われ、不安定。 ・フェア・トレードの仕組みを通して、そのねらいを考える。 ・地図と統計から輸出用農産物の生産が各地にみられ、その輸出が重要であることをつかむ。 ・混作をする理由をとらえる（リスク分散、生態系の活用）。 ・カカオ栽培での混作を知る。	カカオ豆輸出統計 ガーナの輸出統計 生産から出荷まで TV映像 児童労働 フェア・トレードのしくみ 農業地図 各国の輸出統計 TV映像	・チョコレートはヨーロッパが有名で、輸出用農産物であること。 ・ガーナの側に立って考えさせる。 ・モノカルチャーの問題に気づく。 ・農民の利益を増やすことに注目。 ・熱帯産の作物で、嗜好品が多いことに注目。 ・人々の知恵に注目させる。
まとめ 50	アフリカ州の農業のまとめ	輸出用農業生産の特色と問題点を整理する。		・その成立を自然的条件と歴史的背景からまとめる。

おわりに

　学習指導案は教師の教材研究の集大成である。他人の学習指導案から学ぶことも多い。授業を踏まえて、その妥当性について議論し、よりよい学習指導案を作成し続ける、そのために工夫する教師でありたいものである。そうした研究的姿勢を有する教師こそ生徒の鏡になる。最も大切なことは、生徒にとって有意義な学習を創造しようとするあなたの熱意である。

参考文献

荒井正剛「授業の分析と評価」中村和郎ほか編『地理教育の方法』（地理教育講座第Ⅱ巻）古今書院、2009年

田部俊充、田尻信壹編著『大学生のための社会科授業実践ノート』風間書房、2009年

グループ学習のすすめ

　学校はさまざまな背景をもった生徒が集まる小さな社会である。学校では、そうした特性を活かして授業を展開するべきであろう。

　例えば主発問に対する答えや写真や地図などの資料の読み取りについて、まず個人で考察し、その結果をグループ内で見せ合うとよい。グループでは気軽に質問できる。個性的な答えも引き出しやすい。さらにグループで出た考えなどを学級全体で共有して考察させるとよい。

　同様に話し合い活動にはグループ学習が適している。グループならば発言しやすい。意見が違うのは当然である。同じ意見でもその根拠が違うことがある。それを出し合い、自分の考えをより高めるような話し合いを奨励したい。社会にはさまざまな意見があるという事実を踏まえ、意外な意見にこそ参考になることがあることに気づかせたい。価値認識の育成に、相互啓発の場としての学校の機能を大いに発揮すべきである。

　作業をグループで分担・協力するのもよい。例えば人口増加率の地域的な変化をとらえるために、グループ内で異なる年代を分担し、県別に色分けする地図を作らせた。友達に迷惑がかからないよう、熱心に取り組んだ。それらを年代順に並べて、その変化を興味深く読み取った。

　学級内で、一連の学習内容をグループで分担し調べ発表する活動もよくみられる。この場合、他のグループの発表内容はわかりにくいとよくいわれる。そこで、発表者には、ポイントを絞って、資料を使って、聞き手に分かりやすく発表することを心掛けさせる。また、聞き手には、自分たちが調べたことと対比して聞かせるとよい。諸地域学習の場合ならば、自分たちが調べた地域やテーマと比較して、共通点と相違点を見つけさせる。調査の前に事例学習を位置付けるなどして、調査の内容と方法を指導しておくと、より的確な発表ができる。

　調査し発表する学習は言語活動の中でもハイレベルの学習であるが、それを何回か繰り返すと、友達の調査・発表から学び、主体的に調査・発表を工夫するようになる。それも仲間と学び合う学習の魅力である。

第13章

地理的分野の実践事例
「東北地方」

はじめに

　2011年3月11日に東日本大震災が発生してから3年が過ぎ（2014年現在）、時間の経過と共に風化が進んできている。同じ日本の中でも、何事もなかったかのような日常生活が営まれている地域がある一方で、震災で被害を受け今も進まない復旧・復興に向かって努力を積み重ねる地域がある。他人事ではなく、震災を乗り越えようとする人々の姿を理解し、その思いに寄り添って考えていくことが必要である。

　中学校3年間の社会科学習の中で、地理的分野の東北地方の学習こそが震災について深く学習できる単元である。震災を忘れない、風化させないという人々の記憶に残る思い出の側面だけでなく、移り変わる被災地とその復興への取り組みを重ね合わせた授業をつくっていかなければならない。

　自分にできることをみつけて、被災地の人たちのために具体的に動くということが大切である。今、被災地に行って何かすることは難しくても、現状を知り関心をもち続けることはできることである。将来、震災を経験

した世代としてできることを考え復興に貢献できる生徒を育んでいきたいと考えている。

　新学習指導要領で「日本の諸地域」は、日本を幾つかの地域に区分し、それぞれの地域について7つの考察の仕方を基にして、地域的特色をとらえさせることを主なねらいとしている。多くの教科書で東北地方は「生活・文化を中核とした考察」を中心としている。震災事例について、教科書に取り上げられていないから触れない、教科書に取り上げられていることだけは教えるという教師側の姿勢では、未曾有の被害を受けた東日本大震災から学んだことにはならないであろう。

　年を追うごとに震災を体験していない、知らない生徒が多くなってくるだけに、東北地方の学習では、東日本大震災からの復旧・復興の視点を取り入れていくべきである。被災地といっても広範囲にわたりそのすべてを扱うことに限界はあるが、その中でも教師が共感した事例を積極的に教材開発していく努力が求められる。本章では、被災3県の中で岩手県を中心とした東北地方の事例を紹介する。

第1節　単元の概要

　本実践は、震災から1年半が過ぎた時期（2012年11月）に中学2年生に試みた授業である。復興が進んでいないという状況の下で、例えば壊滅的な被害を受けた漁業を震災前の姿に戻そうとするなど、震災を乗り越えていく明るい希望の面を生徒に伝えていきたいと考えた。そこで、乗り越えていく、明るい希望の面は震災関連の話題だけに限らず、東北地方全体の学習の中でも意識した。

　東北地方の農業は冷害を克服し、逆に冷涼な気候を利用して行われている。交通・通信が発達し国際化や情報化が進展する中で、農業や伝統工芸の分野でも収益を上げるために、海外にも目を向けた事業展開がされている。工業で取り上げた企業進出には、東北人のねばり強さやまじめな気質

が関係していることを紹介した。震災の話題だけで東北地方の学習が終わらないように留意しながら、生徒が知っている企業の被災状況や復興支援の取り組みを関連付けて授業を構成した。

　単元の目標（題材の目標）は、以下の通りである。

　東北地方について、生活・文化と東日本大震災の考察を基にして、地域的特色をとらえさせる。乗り越えていく、明るい面に着目させる。東日大震災からの復旧・復興を中核として考察させ、合わせて関連する企業の復興支援を理解させる。東北地方の魅力を考えることなどを通して、東北地方全体を概観させる。

　これまでも自然条件などの困難を乗り越え生活・文化を育んできたことを多雪や冷害と人々の生活から追究させる。また農業や地場産業などを発展させてきたことを、岩手県オリジナル水稲品種の「かけはし」やホップづくりから追究させる。生活・文化が変容していることを国際化や情報化が進展する中で、りんどうや青森産りんご、南部鉄器の海外展開から追究させる。

　宮古魚市場の佐々木さんの願いと花見かき（牡蠣）生産者の山根さんが４度も津波被害を受けながら復興に向け行動できるわけを考えることで、震災を乗り越える人々の姿をとらえさせる。学習のまとめとして、宮古市立第二中学校（宮古二中）の生徒、宮古魚市場の佐々木さん、花見かき生産者の山根さんに励ましのメッセージを書く言語活動を取り入れ、自分にできることを実行させる。

第2節　単元計画作成のポイント

　本実践で岩手県沿岸の被災地の中でも宮古市を取り上げたのには理由がある。特設授業でがれき処理の問題を授業で扱った際に、地元宮古二中の生徒作品に出会った。被災地の中学生が復興に向けて頑張っている地元の方々から学んだことを発信する姿に感銘を受けたことがきっかけである。

宮古市の中で水産業を取り上げたのは、今回の津波で壊滅的な被害を受けたこの地域の基幹産業であるからである。震災被害の理解に限らず、第1次産業の重要さやそこで働く人々への理解を深めることにもつなげたいと考えた。

　宮古市ではわかめやかきの養殖、岩手県内でも有数の鮭の水揚げやふ化事業など、水産業で取り上げる教材もいくつかある。今回取り上げた花見かきは宮古二中の生徒作品の中に紹介されている。花見かき生産者の山根さんも宮古二中に講演に行かれたことがある。花見かきが被災地と東京の中学生の架け橋になり、共通の話題を共有して少しでも宮古二中の生徒の気持ちや思いに寄り添いたいと考えた。距離的には離れていても今、一緒に同じ時間の下で生活しているという実感につなげたいという思いからである。学習のまとめとして宮古二中の生徒に励ましのメッセージを書く時に、花見かきから学んだことが表現されることを期待した。花見かきが復活した時には、生産者の山根さん、宮古二中の生徒とその喜びを東京に住んでいる私たちも一緒に共有できることを願った。

　また、本実践の学習者は中学1年生の時に原発事故の影響で風評被害に苦しんだ茨城県神栖市波崎地区のピーマン農家や農協関係者の姿から農業の震災被害を理解した。そこで、中学2年生になった今回は、宮古魚市場再開や花見かき復活に向けた関係者の姿から、津波被災地の視点で、具体的に漁業の震災被害を理解し、その苦労に生徒が共感してほしいと考えたからである。

　単元計画を考える際に、生徒の実態やそれまでに学んだこと、その後学習したことをどのように生かすかを考えていくことが大切である。道徳教育やキャリア教育などとの関連も踏まえて、その時・その場所・その状況での困難を乗り越える人々の生活の営みを学ばせ、大きな視野から自分のこととして生き方に迫る教材との出会いが必要であると考えている。

第3節　単元計画の指導

　本実践では、先の単元計画作成のポイントを踏まえ下記のように展開した（全6時間）。

（1時）東北地方の姿

　東北6県の知っていることをヒントにしながら東北地方の魅力について知る。なぜ観光を盛んにする取り組みやまちおこしが必要なのか考えた。人口減少と地域活性化を理解する。いかにして多くの人々に東北に来てもらうか（これまでの取り組み）を確認した。震災後の東北新幹線全線開通の意味、JR東日本の復興支援を知る。

（2時）自　然

　東北地方を東西に分ける地形と気候の違いを知る。雪が多いことは人々の生活にどんな影響を与えたか、冷害は人々の生活にどんな影響を与えたかを考えた。1993年の冷害を受け、岩手と石垣島を結んだ岩手県オリジナル水稲品種「かけはし」の経緯を知る。

（3時）農　業

　遠野でホップ栽培が盛んになったわけを考えた。キリン仙台工場の被災の様子やキリンの復興支援の内容を知る。海外展開する事例として2つ扱った。りんどうの栽培をニュージーランドに委託したのはなぜか、青森県産りんごは震災の影響で台湾輸出がどうなったかを考えた。風評被害について知る。

（4時）工　業

　南部鉄器で売り上げを伸ばすためにどんな工夫をしているかを考えた。トヨタ自動車東日本岩手工場を取り上げ、金ヶ崎に工場進出したわけや震

災後の影響について考えた。トヨタ自動車の復興支援について知る。

　（5時）水　産　業

　宮古の津波被害を知る。花見かき復活に向けた関係者の取り組み、震災を乗り越えようとする思いを理解する。花見かき生産者の山根さんが4度も津波被害を受けながら、復興に向け行動できるわけを考える。

　（6時）ま　と　め

　宮古魚市場の再開に向けた関係者の取り組み、震災を乗り越えようとする思いを理解する。これまでの学習を踏まえて、震災のこと以外にも東北地方を学んで感じたことをまとめる。宮古のがれきについてまとめた宮古二中の生徒、花見かき生産者の山根さん、宮古魚市場の佐々木さんに励ましのメッセージを書く。

第4節　学習指導のポイント「地域調査と教材開発」

　東北地方の学習の中で震災事例を取り上げる際には、学習プランによって地域と内容を考えなければならない。これを調べてみたいというものを教師自身が見つけることが第一歩である。今回は宮古二中とのつながりから岩手県の中でも宮古市、また漁業の中でも花見かきと宮古魚市場の再開と決めることができた。現地に足を運んで地域調査をして、教材開発した事例で授業を構成したいと考えた。まず、宮古漁業協同組合に連絡をして取材の趣旨を説明し、取り次ぎをお願いした。そして、花見かき生産者の山根さん、宮古魚市場の佐々木さんへの取材が実現した。取材にいく前に、インターネットで花見かきが紹介された内容などを探して下調べを行い、授業構想と関連させて質問項目を考えた。

　花見かき生産者の山根さんへの取材は宮古漁協建物内の一室で行った。しかし、取材後にご厚意で津波によってすべてを流された養殖場が見える

堀内海岸に案内していただいた。この場所には作業場や係留していた船もあったことをお聞きして、震災の被害の大きさを改めて感じることができた。そこで、この場所で生徒に向けてビデオメッセージの撮影を考えた。海を背景に今後の展望を山根さんからお話していただくことをお願いして実現することができた。また山根さんからは花見かきの大きな殻や、津波で流された後に清掃に励む姿を伝える新聞記事をいただくことができた。これらはビデオメッセージと共に授業の導入や山場を考えた時に、欠くことができない資料になった。花見かきの殻の実物や生徒のために山根さんが直接その場で語ってくださった映像は、非常に効果的であった。

この取材で私自身が最も印象に残ったことが、東日本大震災以前にも津波被害にあっていたということである。それが授業最後の「4度も津波の被害を受けているのになぜ絶望せずにやっていけるのか」という発問につながっている。取材を通して、花見かきについて生徒に教えたいことと考えさせたいことをはっきりさせることができた。

東京に帰って授業準備を進めていく中で、さらに授業をつくる上で山根さんにお聞きしたいことが出てきた。東日本大震災の津波被害で受けた損害額はどれくらいだったか、などということである。金銭面に関わることでためらいを感じたが、思い切ってお聞きすると山根さんから教えていただくことができた。なぜそこまでしても花見かきを復活させたいのかと、生徒が考えることにつながる情報になった。

地域調査によって書籍やインターネットには出ていない生の情報を関係者からお聞きすることができる。また、直接誰か人にお会いしてお話を聞けることは社会科教師の醍醐味であると感じている。中学校社会科、特に地理的分野でも問題に直面する当事者の方の思いを伝える場面がもっとあってもいいのではないだろうか。

このようにして、地域調査（できれば現地調査）をもとに教材開発が進められ、各学校でそれぞれの教師が調べたさまざまな事例で、東北地方の学習が展開されることを期待している。東日本大震災からの復旧・復興も時間と共に変化していくので、それに対応した東北地方の学習も考えてい

く必要があると感じている。

第5節　授業の山場
――水産業「花見かき」の授業実践

1. 本時の目標

本時の目標
- 東日本大震災による津波被害と、花見かき復活に向けた関係者の取り組み、震災を乗り越えようとする思いを理解させる。
- 花見かき生産者の山根さんが4度も津波被害を受けながら、復興に向け行動できるわけを考えさせる。

本時の具体目標（生徒の立場から）
- 津波が花見かきに与えた被害を説明できる。
- 花見かき関係者の復旧復興への希望や思いを理解する。
- 花見かきの成長から宮古の海の豊かさを考える。
- 4度も津波被害を受けながら山根さんが絶望せずにやっていけるわけを考える。

観点別評価
- 宮古の水産業について関心をもち、自ら進んで調べてみようとする態度を育成する。　　　　　　　　　　（関心・意欲・態度）
- 山根さんが4度も津波被害を受けながら復興に向け行動できるわけを考えさせる。　　　　　　　　　　　（思考・判断・表現）
- 地形図から、宮古の海に恵みをもたらす自然条件を読み取ることができる。　　　　　　　　　　　　　　　　　　（技能）
- 津波が花見かきに与えた被害を理解させる。　　（知識・理解）

2. 本時の展開

次頁の表のように展開した。

学習事項	生徒の活動	指導上の留意点	評価
花見かき	①教師の説明により、花見かき誕生の経緯を知る。	○発想の豊かさに気づかせる。	・花見かきの由来がわかったか。
大粒の理由	②なぜ大粒のかきが採れるかを考え発表する。 ・親潮 ・2つの川 （雪解け水、植物プランクトン） ・リアス海岸 （波おだやか、湾口広い） ・生産者の努力 （かき種の調整、観察力）	○かきの殻を見せて、大きさのイメージをふくらませる。 ○地形図から読み取り考えさせる。 ○生産者の努力に目を向けさせる。 ○湾内環境の重要性に着目させる。	・大粒のかきが採れるのには、自然の恵みと生産者の努力があることがわかったか。
宮古の津波	③地形図で場所を確認した後、DVDを見て、感想を発表する。	○かき養殖の浮き玉に注目させる。	・津波の恐ろしさを思い出したか。
花見かき復活へ	④新聞記事を読んだ後、山根さんが復活に向けて動き出せたのはなぜか考える。 ・励まし、見舞いがあった ・早く復活させることが恩返し ・国の支援だけ待っていられない ・いつまでも落ち込んでいられない	○大切だと思ったことに線を引かせ、新聞記事を読ませる。 ○新聞記事に書かれていない思いに気づかせる。 ○かきだけでなくすべてを失った大変さに気づかせる。	・復活に向けて動き出す山根さんの思いに共感できたか。
山根さんの願い	⑤ビデオを見て、山根さんの今後の展望を知る。 ・体験施設（海の怖さと豊かさを伝える） ・水産産直（生産から販売、経営者）	○短いビデオなので、メモをとることよりも映像に注目させる。 ○工事の音が復興の音、地盤沈下にもふれる。	・山根さんが今後展開したい2つのことがわかったか。
震災を乗り越える	⑥4度も津波の被害を受けているのになぜ絶望せずにやっていけるのか考えて発表する。 ・宮古の海でいいものが採れる ・自然からの恵み、自然とのたたかい ・待っている人がいる ・今までも乗り越えてきたから ・宮古のかきをメジャーにしたい	○今回の震災の具体的な被害額を紹介する。 ○山根さんの言葉も紹介する。 ○高齢者で養殖をやめてしまった方もいることを紹介する。 ○また津波が来たらどうするのか、生徒に投げかける。	・山根さんの姿から三陸の海で生きる人々の強さがわかったか。

3. 震災を乗り越えるかき生産者

　私たちの多くは今回の東日本大震災で壊滅的な津波被害を実感したが、実はそれ以前にも取材した花見かき生産者の山根さんは、かきの養殖施設に津波で被害を受けていた。

　1994年北海道東方沖地震では海上のかき養殖施設は全滅、2003年十勝沖地震では7〜8割の被害、2010年チリ地震では2割の被害、2010年末の低気圧でも少し被害を受けていた。そうした中で、2011年東日本大震災では海上のかき養殖施設が全滅しただけでなく、陸の加工場などの施設や船を失うことになったのだ。この事実は生徒に衝撃的だった。

　本時の展開⑥「4度も津波の被害を受けているのになぜ絶望せずにやっていけるのか」の活動場面を紹介したい。

S：北海道の地震で全滅したのに復活できたので今回もできるだろうって思う。
T：なんでそう思ったの？
S：プライドっていうかそういうのがあると思う。
T：なるほどねー。他には？
S：海の仕事に就く時点でそういう被害は予想しているんじゃないかな。
S：周りの人たちが支えてくれたので、今回の震災でも被害を受けても、復活させることがこれまでの恩返しっていうか。そういうものだと思います。
S：20年近くやってきてブランド化した。20年は長い期間なので、ここで津波によってすべてを失っても、かきの養殖をやめられない。
S：かきを待ってくれる人がいるから、それに応えるためにも続けたい。
T：なんでそういう風に思ったの？
S：サッカー部の練習や試合で無理して、1人で解決しようとする場面があった。1人では解決できないことも、サッカーのチームのようにみんなで一緒だとできると思った。かきを楽しみに待ってくれる人がいると安心できるし、強くなれるから。
S：買う人がいるという喜びがあるからまだ続けたい。

4人グループで考える場面設定により、宮古で養殖を行ってきた山根さんの当事者性に迫ることができた。ある生徒は「授業内でなぜ絶望せずにかきづくりをしていけるのかについて話し合いました。私は本当に不思議でした。私だったら、もうすぐにあきらめていると思います」と書いていた。
　自分だったらあきらめてしまう状況にもかかわらず、山根さんが復活に向けて動き出す姿が生徒を動かした。「山根さんは漁師なので、海が相手、という覚悟はあると思いますが、10年の間、5度も津波の被害にあったのに、絶望せず、一歩一歩前に進む姿はすばらしいと思いました。本当は僕らが元気を与えなくてはならないのに逆に元気をもらいました」。
　生徒が山根さんへ書いた励ましのメッセージには、大きな被害を受けたのに、かきの復活に向けて努力する姿への感動、そしてそこから自分が元気をもらったという内容が多かった。そして最後には「花見かきを食べにいきたい」という言葉で締めくくられている。工夫や努力といった人々の営みや思いを具体的に取り上げることで、共感や理解につながった。山根さんとの出会いから、仕事に対する思いやこれからの生き方について考えた生徒もいた。職業理解や自己理解につながり、将来の社会的・職業的自立に向けて、社会科の時間が果たす役割を実感できた。

4．震災事例を取り上げる難しさ

　本事例では震災関連の話題だけに限らず東北地方の学習全体を通して、困難や課題を乗り越えていく、新しいことに挑戦するなどの明るい面に着目させた。そのことは、問題に直面する当事者の思い、個人や企業の工夫や努力、人とのつながりの大切さなどへの生徒の共感や理解を深めることにつながった。結果として、復旧・復興に向けて前向きに頑張る姿やそのプラス面を印象付けることになった。
　しかし、復旧・復興を後押しする社会的なシステムや環境、困難や課題を乗り越えることができない弱い立場の方々への共感や理解は不足していたという反省点が残った。例えば、本時の展開⑥の活動で、国からの補助

があったことは生徒の発言からは出てこなかった。花見がき復活に向けて山根さんが動き出せた背景や要因として、経済的な被害の大きさをどう乗り越えたか、その実態にも目を向けさせるべきであった。復興予算の不適切な使われ方が問題になっているが、復興予算や国の補助事業の有用性の実感や、私たちの支援継続の必要性への理解を深めることにもつなげることができた場面であった。

また、東北地方の学習で東日本大震災を取り上げるにしても、津波による被害を受けた岩手県や宮城県沿岸と、原発問題を抱える福島県では大きく異なる。福島県の農業や漁業、畜産業などを取り上げる場合には、さまざまな見解がある放射線の問題や影響を、教師自身がどのような立場でとらえ、何を生徒に伝え、考えさせていくべきか慎重に吟味しなければならない。被災者間の利害対立や被災した方々への人権に配慮して、授業によって偏見や風評が返って生じることがないようにしなければならない。

今もなお、生活に困っている被災した方々の思いを大切にした教材開発を行っていくことを今後の課題としたい。

おわりに

2013年春、宮古二中を卒業した代表生徒から、メッセージへの返信が届いた。その手紙の一節を紹介したい。

> 2年前の大震災は、私たちの心の中に、大きなものを残しました。今でも不便を感じること、思い考えさせられることが沢山ありますが、皆さんのメッセージを読み、遠い地にありながら被災地のことを理解したい、何かできることがあるのではないかと、私たちや宮古のことを真剣に考えてくださったことをとてもうれしく思いました。(中略)これから私たちの進む道はそれぞれ違ってきますが、皆さんからの励ましを胸に、宮古の復興を目指して力強く歩みたいと思います。未来を担うのは私たちです。これからも手をとり合い、頑張っていきましょう。

中学3年生になった生徒全員に印刷をして配布した。こうして、宮古二中の生徒作品に出会ったことがきっかけで、宮古の花見かきや魚市場再開など水産業を学んだ生徒は、被災地の同世代の中学生とつながることができた。それがまた震災を他人事ではなく、身近な話題として感じさせることにもつながった。

　この2013年春には、花見かきも復活を果たすことができた。山根さんの復活に向けて努力する姿を東北地方の学習で学んでいたので、花見かき復活を紹介する新聞記事を読んで、生徒も感心と共に喜びを共有することができた。

　さらに、完成したかき処理施設で地元の小学生に体験学習を行った記事や2014年2月山根さんらが産直「うみのミルク」をオープンさせた記事もその後紹介することができた。本時の展開の学習指導案⑤で、山根さんが今後展開したいこととして、ビデオメッセージの中で話されていたことである。復旧ではなく復興、震災ですべて失ったからこそ新しいことにも挑戦したいと、考えられていたことを着実に実現した姿を生徒と共にうれしく拝見した。

　日本の諸地域、その中の1つである東北地方は中学2年生で学習することになる。本事例のように、東北地方学習後にそこで学んだ地域、事例のその後の動きがわかることがあるかもしれない。内容によっては中学3年生の地方自治との関連を図ることも可能である。東北地方の学習で学んだことがその時で終わりになってしまうのではなく、生徒が中学校を卒業するまで継続して追っていきたいような内容を提供できるように努力していきたい。

　単元の中で学ぶ震災事例はごくわずかである。取り上げた1つの事例を通して、被災地の現状の一面を理解し、広くその地域の復興の姿を考えていく生徒を育成していくことが教師に求められていると思う。

第14章

歴史的分野の実践事例
「近世社会の成立」

はじめに

　歴史の授業というと、どのような授業をイメージするだろうか。多くの人は、教師が説明しながら黒板にわかりやすくまとめ、生徒は説明を聞きながら黒板を必死に写す授業を経験してきたと思う。このような授業スタイルで、歴史の基礎的な知識を正確に理解させたいと考える教員が多いのも事実である。このような講義形式の授業は、伝統的に行われてきたもので、生徒の歴史に対する理解を深めるのに有効なものである。

　しかし、歴史に対する理解を深める授業として、講義形式だけが有効なものだろうか。現行の学習指導要領では、歴史に対する理解を深めるために、資料やこれまで学んだことを参考にして考えさせて、考えたことを自分の言葉で説明させる授業が重視されている。講義形式に慣れ親しんだ人にとって、歴史の授業の中で「考える」「説明する」という学習活動はイメージしにくいことだろう。

　そこでこの章では、歴史について考察する力や説明する力を育てる歴史

学習とはどのようなものなのかを、単元の開発、授業の実践、ワークシートの記述分析を通して明らかにしていきたい。

第1節　単元の概要

1. 歴史学習に求められること

　学習指導要領では、中央教育審議会の答申を受けて、「基礎的・基本的な知識、概念や技能の習得」と「言語活動の充実」が重視されている。「言語活動」とは、学習した内容を活用して社会的事象の特色をまとめたり、社会的事象について考察・判断し、その成果を自分の言葉で表現するなどの活動のことである。そして、言語活動を取り入れた授業を行うことで、生徒の基礎的基本的な知識の理解が深まるとされている。

　歴史的分野では、時代の特色や転換をとらえて歴史の大きな流れを理解することと、歴史的事象について思考判断してその成果を自分の言葉で表現する学習が求められている。そして、言語活動により『歴史について考察する力や説明する力』を発揮する授業を行うことで、思考力・判断力・表現力を育成するだけでなく、時代の特色や転換に関わる基礎的・基本的な内容の理解を深めて定着させることができると考えられている。そのため日々の歴史学習の中に、学んだ内容を活用して歴史の大きな流れを考えて説明する学習活動や、各時代の特色や時代の転換の様子について考えて説明する学習活動を積極的に取り入れることが求められている。

2. 近世の学習

　この章で取り上げる単元は、歴史的分野の大項目(4)「近世の日本」の中項目ア・イに位置付くものである。

　本単元で学習するのは、日本の中世社会が崩壊し近世社会の基盤がつく

られる中で、政治・社会・文化に大きな変化が起こった重要な過渡期の時代である。学習指導要領では、「各時代の特色をとらえる学習」や「変革の特色を考えて、時代の転換の様子をとらえる学習」が重視されているため、中世社会から近世社会の変革期を学習する本単元の意義は大きいといえる。

大項目(4)「近世の日本」では、近世の特色を理解させるために、中項目アで近世社会の基礎がつくられたことを理解させ、中項目イで幕府と藩による支配が確立したことを理解させるという構造になっている。そして、中項目アで織田信長、豊臣秀吉を取り扱い、中項目イで徳川家康を取り扱うことになっている。しかし、中世社会から幕府の支配下で大きな戦乱のない安定した社会がつくられたという、大きな社会の転換について考えさせるためには、織田信長、豊臣秀吉、徳川家康を同じ単元の中で取り扱った方が適切であると考えた。そこで本単元では、近世社会の成立過程を学習し、三武将（織田信長・豊臣秀吉・徳川家康）の戦いや政策によって、戦乱の社会から平和で安定した社会が生まれ、近世社会の基盤がつくられたことを理解することを目指す。

本単元では、三武将の戦いや政策を学習した後で、戦国時代から江戸時代にかけて、戦乱の社会から平和で安定した社会がつくられた過程を、三武将の業績とそれぞれの役割に着目して説明させるという学習課題を設定した。この学習課題に取り組むことで、時代の転換の様子を思考・判断して表現する力を育成するだけでなく、近世社会の特徴や近世社会がつくられる過程についての理解をより深めることができる。

第2節　単元の学習展開

（1）単元名

「近世社会の成立」

（2）単元の目標

- 三武将の活躍に興味をもち、意欲的に追究し、近世初期の安土桃山時代の文化に興味をもつ。　　　　　　　　　【関心・意欲・態度】
- 三武将の戦いや政策、桃山文化の特徴について多面的多角的に考察し、その過程や結果を適切に表現する。　　　【思考・判断・表現】
- 三武将の戦いや政策、桃山文化の特徴などを教科書・資料集・プリントなどの資料から有用な情報を適切に選択して、読み取ったり効果的に活用する。　　　　　　　　　　　　　　　　　　【技能】
- 三武将の戦いや政策により、戦乱の社会から平和で安定した社会に変革し、近世社会の基盤がつくられたことを理解する。

【知識・理解】

（3）単元の評価規準

ア　社会的事象への関心・意欲・態度	①三武将の活躍に興味をもち、意欲的に追究し、記述したり発言することができる。 ②桃山時代の文化財に興味をもち、尊重しようとしている。
イ　社会的な思考・判断・表現	①三武将の戦いや政策について多面的多角的に考察し、その内容や目的を適切に表現している。 ②桃山文化について、室町文化と比較しながら多面的多角的に考察し、その特徴を適切に表現している。
ウ　資料活用の技能	①三武将についての資料を収集し、戦いや政策について有用な情報を適切に選択して読み取ったり、年表にまとめることができる。 ②桃山文化に関する資料を収集し、写真・絵画などの資料から有用な情報を適切に選択し、読み取ることができる。
エ　社会的事象についての知識・理解	①三武将の戦いや政策について、目的・内容・歴史的意義を正確に理解し、歴史用語を正確に記述して、その知識を身につけている。 ②戦乱の社会から平和で安定した社会に変革し、近世社会の基盤がつくられたことを理解している。

（4）単元の指導計画と評価計画（全9時間扱い）

	主な学習活動・学習内容	評価規準
第1時	織田信長の戦いの特徴を絵画資料から読み取り、信長が民衆や仏教勢力と対立するなど武力で天下統一を目指していたことを理解する。	ア－① ウ－①
第2時	織田信長の政策の目的を資料から考え、楽市楽座や関所の廃止などが寺社や公家に与えた影響を理解する。	エ－①
第3時	豊臣秀吉が関白になった理由を考え、全国統一を実現するために行った工夫を理解する。	ウ－①
第4時	豊臣秀吉の検地と刀狩によって、中世までの土地支配の仕組みが大きく変わり、兵農分離が進み新しい社会の仕組みがつくられたことを理解する。	イ－① エ－①
第5時	秀吉の朝鮮出兵の理由を理解し、資料やこれまでの学習内容から桃山文化の特徴を考える。	ア－② イ－② ウ－②
第6時	江戸幕府の成立過程や幕府の仕組みを資料から読み取り、天皇と将軍の関係を理解する。	ウ－①
第7時	武家諸法度や参勤交代の資料から江戸幕府の大名支配の工夫を考え、幕藩体制が確立したことを理解する。	イ－① エ－①
第8時	農民支配の目的と方法を資料から考え、幕府によって身分社会が確立し、民衆支配の仕組みがつくられたことを理解する。	エ－①
第9時 本時	戦乱の社会から安定した社会がつくられた過程を考えることで、近世社会の基盤がつくられたことを理解する。	イ－① エ－②

（5）本時の指導（全9時間中の第9時間目）

①目標

- 戦国時代から江戸時代にかけて、戦乱の社会から平和で安定した社会がつくられた過程を、三武将の戦いや政策、それぞれの役割に着目して説明することができる。
- 戦国時代から江戸時代にかけて社会の様子や仕組みが多く変わり、近世社会の基盤がつくられたことを理解することができる。

②展開

	○学習活動 ●生徒の意見	・指導上の留意点	◇評価規準［評価方法］
導入	○2枚の絵画を比較し、戦乱の社会から平和で安定した社会に変化したことを読み取る。	・パワーポイントで戦（長篠の戦い）の絵と江戸時代の町の絵を提示して、それぞれの絵がどのような社会なのかを考えさせる。 ・戦乱が多く、日本が統一されていなかった社会から、全国統一され、社会のしくみが整備されて平和で安定した社会（天下泰平）に変化したことを読み取らせる。	
	戦乱の社会からどのようにして安定した社会がつくられたのか？		
展開①	○三武将（織田信長・豊臣秀吉・徳川家康）の業績を復習する。 ○安定した社会づくりのために活躍した順にランキングをつくり、その理由を説明する。 ○自分の考えをワークシートにまとめる。 ●鉄砲を使った新しい戦術を使ったり、楽市楽座でお金を集めたりして、他の戦国大名を倒した信長が全国統一のきっかけをつくった。 ●信長の後を継いで全国統一をして、検地や刀狩で兵農分離の安定した社会をつくった秀吉が安定した社会づくりに一番貢献した。 ●大名（武士）や農民をしっかりと支配する仕組みをつくって、平和で安定した社会にしたのは家康だ。	・パワーポイントで三武将の顔を提示し、前時までの学習内容を想起させる。 ・ランキングを付ける学習活動を通して、三武将の業績が社会に与えた影響について考えさせ、社会の変化に対して三武将が果たした役割に気づかせる。 ・三武将の業績をまとめた資料プリントを用意し、ランキングとその理由を考える際に参照させる。 ・資料プリントの内容をさらに知りたい場合は、前時間までの授業プリントを振り返るように指導する。 ・自分の考えをワークシートにまとめさせることで、個人の意見を整理させ、話し合いの際に積極的に発言できるようにする。	◇自分のランキングとその理由をワークシートにまとめることができたか。 ［ワークシート］
展開②	○班になり、話し合って意見を班活動用のワークシートにまとめる。 ○班ごとに意見を発表する。 ○ランキングの違いから、三武将の業績をそれぞれの班がどのように評価しているのかを考える。	・班で話し合いを行う際には、授業プリントを回すのではなく、口頭で発表・意見をいうように指導する。 ・話し合いや発表の中で参考になる意見があったら、ワークシートにメモするように指導する。 ・ランキングを発表させる際には、全班のランキングを先に発表させ、同じランキングごとに理由を発言させる。 ・ランキングの順位の違いだけでなく、理由の共通点や相違点に注目させる。特に相違点では、そう考えた理由を班員に詳しく説明させる。 ・三武将が安定した社会づくりのためにどのように貢献したのか、それぞれがどのような役割を果たしたのかを考えさせる。	◇班のランキングとその理由をワークシートにまとめることができたか。 ［ワークシート］
まとめ	○主発問に対する答え（本時のまとめ）をワークシートに記入する。	・三武将の業績や話し合い活動で出た意見を踏まえて、自分なりの答えを考えるように指導する。 ・まとめを記述する活動を設定することで、授業で学んだことを自分なりに整理させる。	◇本時の学習内容を踏まえて、自分の考えをワークシートにまとめることができたか。 ［ワークシート］

③評価
- 戦乱の社会から平和で安定した社会がつくられた過程を、これまでの学習内容や話し合い活動による意見交流を踏まえて、自分なりに説明することができたか。
- 社会の様子や仕組みが多く変わり、近世社会の基盤がつくられたことを理解することができたか。

第3節　生徒の学びと評価問題の作成

　本単元の山場となる本時第9時単元のまとめにおける生徒の学びを、ある生徒（生徒A）のワークシートの記述内容から検討していく。

1. 本時における生徒Aの学び

> 【展開①での発問】（前頁参照）
> 安定した社会づくりに活躍した順に三武将のランキングをつけ、その理由を説明しよう。
>
> 【生徒Aの答え】
> 　1位は徳川家康です。理由は、江戸幕府の基盤をつくり、人々を支配する仕組みを定めたからです。2位は豊臣秀吉です。理由は、全国統一を実現したが、朝鮮侵略によって武士や農民に大きな負担をかけたからです。3位は織田信長です。理由は、人々を支配する仕組みを変えて、天下統一を目指したからです。

　記述内容をみると、生徒Aは「人々を支配する仕組みがつくられた社会」を「安定した社会」ととらえ、家康を1位にしている。また、「武士や農民に大きな負担を強いる社会」は「安定した社会」ではないと考え、秀吉を2位にしている。信長の理由からは、安定した社会とどのようにつながったのかがわかりにくい。生徒Aの答えは、判断の根拠の記述が不十分であり、安定した社会づくりのために、三武将がどのような働きをした

のかを十分にとらえることができていない。

> 【展開②での指導】（p. 203参照）
> 　班での話し合いや発表された意見の中で、なるほどと思った意見、参考なる意見があったらメモをとりましょう。
>
> 【生徒Aの記述内容】
> 織田信長：戦いが多く、「安定した社会」には似合わない。きっかけをつくった。
> 豊臣秀吉：全国統一を成し遂げ、社会の仕組みをつくった。
> 徳川家康：安定した社会が長く続く政策をとった。負担が少ない。

　記述内容をみると、展開②の班での話し合いや他の班の発表を聞く中で、信長は「戦いが多く」安定した社会づくりの「きっかけをつくった」こと、秀吉が新しい「社会の仕組みをつくった」こと、家康が「安定した社会が長く続く政策をとった」ことなど、三武将が天下を統一し安定した社会をつくるために果たした役割について新しい認識を獲得したことがわかる。

> 【まとめでの発問】（p. 203参照）
> 　この授業で学んだことを踏まえて、戦乱の社会からどのようにして安定した社会がつくられたのか、あなたの考えを書きましょう。
>
> 【生徒Aの記述内容】
> 　私は、安定した社会づくりに活躍したのは、徳川家康、豊臣秀吉、織田信長の順番だと思う。まず、ランキング第三位の信長の時代からみてみると、信長は人々を支配する仕組みを変え、全国統一の土台をつくった人物であるが、まだ戦いが多く「安定した社会」ではないといえる。ランキング第二位の秀吉の時代になると全国統一が成し遂げられ、社会のしくみもつくられ日本がまとまり始めたと考えられるが、秀吉が朝鮮を侵略したことで、武士や農民に負担がかかってしまったことなどからまだ「安定した社会」ではないといえる。そしてランキング第一位の家康の時代になると、家康により約263年も続く江戸幕府が開かれ、人々を支配する仕組みもしっかりとしたため、「安定した社会」が長く続いたといえる。家康は、この「安定した社会」の基盤を築いた人であるため、「安定した社会づくりに活躍した」といえると思う。

　記述内容をみると、三武将を比較しそれぞれの特色を説明しているだけでなく、三武将のつくった社会が「安定した社会」なのかという基準で判断している。本時の展開①で三武将にランキングをつける発問をしたため

に、それぞれの業績や社会への影響を個別のものととらえ、「安定した社会」になったのかを判定している。

本時の目標である「近世社会の基盤がつくられたこと」を理解させるためには、このように個別に歴史事象をとらえるのでなく、歴史事象のつながりを意識させながら、時代の転換の過程について考察させることが必要だと考えた。そこで、三武将のつながりや「安定した社会」を実現させるためにどのような役割を果たしたのか考えさせ、中世社会から近世社会への転換の過程を説明させる課題を設定した。

2. 歴史認識の育成を支える評価問題の作成

単元の終わりに、評価問題を作成した。この評価問題は、定期テストの10点分の問題として作成した。問題内容と評価規準をテスト前に提示し、生徒が学習内容を振り返り、自分なりの解答をつくって問題に取り組むように指導した。なお、評価問題に歌川芳虎『道外武者御代の若餅』の浮世絵を掲載すると、生徒は狂歌の意味をイメージしやすい。

【評価問題】
下の資料は、江戸時代につくられたもので、織田信長・豊臣（羽柴）秀吉・徳川家康の三武将を比較して書かれた「天下餅」という作品である。この作品の「意味」を詳しく答えなさい。その際、以下のことに注意して答えなさい。

| 織田がつき羽柴がこねし天下餅すわりしままに食うは徳川 |

①「天下餅」とは、「全国が統一された安定した社会」のことである。
②信長・秀吉・家康の具体的な政策や戦いをあげて比較し、「天下餅」をつくるために、それぞれがどのような役割を果たしたのかを答えること。

【評価問題に対する生徒Aの解答】
　織田信長は、桶狭間の戦いや鉄砲を使った長篠の戦いなど数々の戦いで有力な戦国大名を倒した。仏教勢力や民衆など自らと対立するものには厳しい態度で臨むなど武力で日本を統一しようとした。また、安土城を築き城下で楽市楽座の政策をとるなどして商業も発展させ、それによって軍事力も強化した。信長は1582年に本能寺の変で明智光秀の裏切りにより、自害してしまうが、信長は「日本を支配するしくみ」を大き

> く変え、天下統一の土台となった人物であるため、「天下餅」は「織田がつき」と表現される。
> 　豊臣秀吉は、信長の政策に加えて太閤検地や刀狩などをして兵農分離の社会にした。また、大阪城を築き、1590年には遂に天下統一も成し遂げた。秀吉は天下統一後に朝鮮侵略を試み、それに失敗してしまったりと秀吉による天下統一後の安定した社会は実現しなかったが、天下統一を成し遂げた人物であり、その後の安定した社会に大きく貢献したことなどから、「天下餅」は「羽柴がこねし」と表現される。
> 　徳川家康は関ヶ原の戦いに勝利し、約263年間続く江戸幕府を開いた。武家諸法度などの法を出し、幕藩体制をつくり上げたことなどから、社会の仕組みを整えた。家康は信長と秀吉の功績を引き継ぎ、天下統一後の日本を安定した社会にしていくことを実現した人物であるため、「天下餅」は「すわりしままに食うは徳川」と表現される。

　記述内容をみると、生徒Aは、三武将の特色やつながり、それぞれの役割を適切に説明することができている。

　織田信長について、生徒Aは「日本の支配するしくみを大きく変え、天下統一の土台となった」と説明している。信長は、室町幕府や室町時代までの権力者（仏教勢力）などを倒し、室町時代まであまりなかった戦い方や政策を行ったことで、室町時代までの社会の仕組みを大きく変えたのである。このことから、信長は全国統一を目指す中で、「安定した社会」を実現させる土台をつくったといえる。

　豊臣秀吉について、生徒Aは「信長の政策に加えて太閤検地や刀狩などをして兵農分離の社会」をつくり、「天下統一を成し遂げた人物であり、その後の安定した社会に大きく貢献した」と説明している。秀吉は、敵対する戦国大名を倒して天下統一を実現しただけでなく、検地や刀狩によって兵農分離という新しい社会の仕組みの基礎をつくった。兵農分離によって身分が固定され、近世社会の基礎がつくられていった。このことから、秀吉は「安定した社会」の仕組みの基礎をつくったといえる。また、秀吉が朝鮮出兵を行うことで、武士や農民に大きな負担がかかった。生徒Aは、本時の展開①の発問に対して、「武士や農民に大きな負担を強いる社会」は「安定した社会」ではないという考えをもっており、評価問題の解答でもその考え方が反映されている。

徳川家康について、生徒Aは「社会の仕組みを整え」、「信長と秀吉の功績を引き継ぎ、天下統一後の日本を安定した社会」にしたと説明している。家康は、織田・豊臣の功績を引き継ぎ、幕府を開いて幕藩体制をつくり、天皇・武士・農民などを支配する仕組みを整備し、「安定した社会」を実現させた。このことから、家康は信長・秀吉の功績の上に「安定した社会」を実現したといえる。

　また本時のまとめの記述内容と比較すると、評価問題の解答では、三武将のつながりを意識して、「安定した社会」を実現するために果たした役割について説明していることから、生徒Aは時代の転換の過程をより深く理解することができたと考えられる。

　定期テスト後の授業では、「天下餅」という作品が、江戸時代末に幕府を批判するためにつくられた狂歌であることを補足説明した。幕府（徳川）に対する「皮肉」が込められているため、信長・秀吉と比べて家康は「何もしていない」という扱いになっていることを説明し、「天下餅」がつられた時代背景を理解させた。

おわりに

　この章では、歴史について考察する力や説明する力を育てる歴史学習とはどのようなものなのかという問いをたて、三武将を取り上げた授業を行い、その中での生徒の認識の変化を検討した。

　その結果、本時の学習課題に取り組むことで、生徒は三武将を比較してそれぞれの特色を理解し、三武将の戦いや政策によって「安定した社会」になったことを説明することができた。しかし、記述内容を分析すると、三武将のつながりやそれぞれの役割を考えることはできなかったという課題が明らかになった。

　そこで、三武将のつながりと役割を考えさせ、そこから中世社会から近世社会への転換の過程を説明させる評価問題を作成し、定期テストの問題として取り組ませた。評価問題の記述内容を分析すると、生徒は、三武将

の特色やつながり、それぞれの役割から時代の大きな転換を考察し、適切に説明することができるとともに、近世社会の基盤がつくられた過程をより深く理解できたと考えられる。

つまり、本単元と評価問題を実践することで、時代の転換の過程を考察し、説明する力が育成されるとともに、近世社会の基盤がつくられたという基礎的基本的な知識についての理解が深まった。

この単元や本時は、研究授業として特別に準備して実施したものである。実際の授業では、毎時間、1つの学習課題について授業時間すべてを使って話し合う授業を行うことは難しい。特に歴史の授業では、学習すべき内容が多いため、どうしても講義形式で解説する時間が長くなってしまう。そのような授業の中でも、資料から読み取れることをノートに書かせたり、1～2分で書いたことを周りの生徒と交流させたり、よい意見は発言させて全体で共有するなど、日々の授業の中で、歴史について思考・判断する力や説明する力を意識した取り組みを行うことが大切である。教師が、授業の中で考え表現する機会を意識的に設定することで、生徒も疑問や自分なりの考え方をもって歴史を学ぶようになり、歴史に対する理解が深まっていくのである。

参考文献

加藤公明、和田悠編『新しい歴史教育のパラダイムを拓く――徹底分析！加藤公明「考える日本史」授業』地歴社、2012年

東京学芸大学社会科教育学研究室編『中高社会科へのアプローチ――社会科教師の専門性育成』(改訂新版) 東京学芸大学出版会、2010年

カー, E. H.(清水幾太郎訳)『歴史とは何か』岩波書店、1962年

第 15 章

公民的分野の実践事例
「区長になろう」

はじめに

　社会科の授業で「チャイムが鳴ったの気づかなかった！」という経験をしたことがあるだろうか。残念ながら、社会科は暗記教科ととらえる人が多く、この経験をもつ人は少ないようだ。しかし、社会科教育が目指すのは暗記好きの育成ではなく、社会を創る公民的資質の基礎を育成することである。生徒自身が知りたい、学びたいと思い労力をかける授業でなければ、暗記した内容は忘れ去られ、生きる糧となる授業にはなりにくい。

　また、公民的分野の学習内容は現実の社会と関連付けやすいといわれる。例えば、経済について学習している時には日経平均株価の動向が生徒から話題にあがるし、政治や国際関係も同様の傾向がみられる。日頃から生徒の意識を高める工夫は必要だが、生活の中にある情報が理解できるようになることは生徒にとって喜びである。社会科の教員は、どのような学習状況にある生徒であっても、大人になって公正な判断ができるようにすることを建前ではなく使命と考える姿勢が大切だろう。

現在はこうした知識や技能の習得とともに、活用して考える授業が求められている。さまざまな単元で取り組むことが可能だが、本章では地方自治について取り上げる。生徒の中から区長候補を数名集い、その候補者生徒を中心とした数名の班で身近な地域で起こっている諸問題を調査したり、議論したりしながら考察し、どのように解決していくかを提案して模擬選挙を行い、学級全体で意見交換して修正案を決議させるという流れである。このような生徒が調査や話し合いを通して、労力をかけて学び社会を体感することができる授業実践の枠組みを提示することとしたい。

第1節　地方自治学習で何を学ばせたいか

1. 地方自治学習の位置付け

　今回取り上げた地方自治学習は、現行学習指導要領解説編では大項目(3)「私たちの政治」中項目イ「民主政治と政治参加」として位置付けられ、この単元では「地方自治の基本的な考え方について理解させる」ことが目指される。その際、「地方公共団体の仕組みの理解と、住民の権利や義務に関連させて、地方自治の発展に寄与しようとする住民としての自治意識の基礎を育てる」ことや、「調査や見学などを通して具体的に理解させる」ことが求められる（内容の取扱いア）。このように学習指導要領解説編でも地方自治の基本的な考え方の理解のため、住民の自治意識の基礎を育てるための活動を取り入れることが強調されている。すなわち、地方公共団体の政治の仕組み、住民の権利や義務を理解することは授業の目的ではなく、自治意識の基礎を育てるために必要な知識として位置付けられていることがわかる。したがって、誰もが地方自治を担う１人であることを前提に住民の自治意識の基礎を養う学習展開として取り組むことが求められている。

2. 授業方法と教材研究

　このような地方公共団体の政治について調べて模擬投票を行う授業は、社会科副読本でも既に取り上げられており、決して珍しい授業ではない［足立区教育委員会『Fieldwork in Adachi 2010（公民）』］。政治学習は、「一般的には政治的教養を培う学習」であり、政治的教養とは、「現実の政治の動きや社会的問題を客観的に分析し、社会の問題に主体的・合理的に判断し行動できる能力や態度までをも含めた広い概念」［吉村 2012］とされる。中学校段階では実際の政治は「非合理的で非体系的な要素を多く含む」ために生徒のやる気を削ぐだけではなく、政治不信につながる可能性も否定できないため［吉村 2012］、そのまま「現実の政治の動きや社会的問題」を学習課題として「客観的に分析」させることは難しい。したがって、意図的に簡略化したり、条件整理をしたりする工夫が必要である。

　一方、中学3年の夏休み以降は抽象的な思考操作ができる生徒も増えるため、論点の整理がなされれば高度な思考判断を行うこともできるようになってくる。そのために、生徒の思考過程を整理できるワークシート等の作成も教材づくりで大切な点である。将来的には現実の社会で生じることに関心をもち、主体的に判断し行動する能力や態度につなげる必要があるので、その練習を授業でも取り組ませたい。

　また、授業者自身がその地域をよく知り、何が問題になっているかを理解して、自らが学習活動を具体的にしておきたい。そうすると、政策立案をするために何が必要となる情報で、それを手に入れるための方法や、中学生の学習として取り組める範囲に収まっているかといった点が具体的になる。さらに、生徒の問題意識を把握したり、その地域を空間的に把握したりすることも必要である。例えば、生徒が「暗くて危険」と知っている公園の対策を考えた時に、その公園を教員が知らなければ話題を共有できないだけでなく、公園の現況や規模、近隣環境などがわからず、指導も難しくなる。実際にその場所に行くと違う見解が見通せることも少なくない。教員が勤務地のことを知らないという状況は起こりがちなので、生徒の空

間を教員が共有し、生徒の文脈で生じている問題が政治的教養を培うことにつながるかどうかを検討していきたい。

3. 複雑な現実を考えさせる工夫

　私の授業でよく使用する授業方法がロールプレイ学習を援用した調べ学習である。ロールプレイ学習は、「学習者は現実とは異なる役割を担い仮想的な主体を演じ、しかも同時に仮想的な場や状況を再現し想像する活動」[井門 2010] であり、起こりうる状況や役割を設定し、その設定された「場（状況）」の文脈の中で、さまざまな意見や価値観に触れることで、自らの思考を広げ、深めていくのに適している学習方法である。

　社会科の授業である以上、学習に困難を抱えている生徒にも資質や能力を育成できる学習を行う必要がある。そのため、区長候補者を当選させるためという共通目標を設定した上で、各々に意味をもたせた役割を設定し、選挙を行うための準備過程の中で、協力しながら選挙の意義と役割、手続きなどの学びが展開される工夫をするのである。また、地方自治の学習は、社会保障の問題など、生徒自身がどうにもできない理由であっても生活と直結した部分の課題として取り上げなくてはならない場面がある。その現実に向き合う環境をつくるためにも、授業方法の工夫は大切になる。

第2節　単元指導計画

（1）単元名

「区長になろう」（大項目(3)　中項目イ　民主政治と政治参加）

（2）単元目標

・地方自治の住民自治と団体自治の考え方を体感し、住民として地方

自治に関わる意識を高める。　　　　　　　【関心・意欲・態度】
・地方公共団体の政治や抱える課題を調査した内容から考え、その解決策について視点を定めて判断することができる。

【思考・判断・表現】

・地方公共団体の政治を把握するための情報収集や活用、選択をすることができる。　　　　　　　　　　　　　　　【資料活用の技能】
・地方公共団体の政治の仕組みを理解する。　　　　【知識・理解】

（3）単元の評価規準

社会的事象への関心・意欲・態度	自分の生活する地方公共団体の政治や行っていることに関心を払い、地方自治のあり方を考え続けていこうとしているか。
社会的な思考・判断・表現	地方公共団体が抱える課題を明らかにし、その解決策を考えられたか。地方公共団体の政治について、さまざまな見方や考え方から検討し、「人々の生活の維持・向上への貢献度」を公正に判断できたか。
資料活用の技能	さまざまな資料を収集し、その中から役立つ情報を適切に選択し、活用し、追究し、表現して他者に伝えることができたか。
社会的事象についての知識・理解	地方自治の役割や地方公共団体の仕組みに関する次のキーワード（住民自治と集団自治、地方公共団体（地方自治体）、首長、議会、条例、リコール、住民投票）について説明することができたか。

（4）生徒観（略）

（5）単元指導計画

本単元は3次構成である（表1）。まず、1次の選挙を準備する段階では、各自が役割を果たせるように、学習の状況に応じて調査する内容を設定し、政策案を立案させることが大切になる。政策を立案するためには根拠が必要なので、実際に現場に行ったり、資料を収集したりする必要が出てくる。したがって、ワークシートで記録をさせたり、調査時間を確保させたりすることも必要となる。次に、2次の模擬区長選挙では選挙の四原則を確認し、実際の選挙会場に近付ける工夫も行う。各選挙管理委員会で違いはあるが、基本的に依頼すれば投票箱などの備品の貸与や出前講座に対応してくれる。さらに、他のクラスと合同授業としたり、保護者や地域

表1　単元指導の流れ

		主な生徒の活動	主な評価規準
1次	事前	意識調査、アンケート	・事前調査を行うことができたか。
	1	オリエンテーション 住民意識調査分析	・単元の見通しをもてたか。 ・住民意識調査結果と政策の傾向を資料から読み取れたか。
	2	政策の方針決定 調査内容（課題）設定	・各班の政策の方針を共有し、個人調査内容（課題）を設定できたか。
	適宜	調査活動	・意欲的に調査に取り組むことができたか。
	3	調査内容を班で共有	・個人調査内容（根拠）を元にして政策案を班員に明確な提示を行い、説明できたか。
	4	再調査、補足調査	・不足している情報を調査することができたか。
	5	選挙準備	・選挙準備を協力してできたか。
2次	6	候補者立会演説会 模擬区長選挙	・各候補者の政策案を聞き取れたか。 ・政策内容を判断して投票できたか。
3次	7 本時	区長所信表明演説 模擬区議会	・政策案を考察し、よりよい修正をするための建設的な意見を出せたか。 ・首長と議長の関係について体感することができたか。
	8	政策評価 振り返りとまとめ	・区長が提案した政策の修正案の評価をできたか。

の方に授業公開をしたりして、生徒が普段とは異なる雰囲気で立会演説を行う工夫もできるとよい。3次は本時の項で説明する。

（6）本時の指導

①本時の目標

- 区長生徒の所信表明演説の要点をつかみ、よりよい政策立案のための修正意見を考えることができる。　　　　　　【思考・判断・表現】
- 政策をよりよいものにする首長と議会の関係について体感することができる。　　　　　　【思考・判断・表現】

②本時の評価

- 区長生徒の所信表明演説から、個人修正案を考えられたか。
- 模擬区議会でよりよい修正案作成のために意見を考えられたか。
　　　　　　【思考・判断・表現】
- 政策をよりよいものにする首長と議会の関係について体感したことを自分の言葉で説明できる。　　　　　　【思考・判断・表現】

③学習の流れ

　本時は、選挙後の模擬区議会を行う時間である。前時で生徒は候補者生徒の立会演説を聞いて論点整理を行っているが、改めて当選した区長生徒の所信表明演説を聞いて論点整理を行う。そして、議会を体感させるために、生徒たちで議事運営できる工夫をする。区長班には質問内容を予測させて想定問答を用意させ、できる限り質問には根拠を示して答弁させる。また、議長生徒と書記生徒には議事進行シートを渡し、議事の目的と手続きを共有し、この２人を中心に運営できるようにする。

　ところで、他の単元にも共通するが、グループ学習の本質は集団思考の広がりや深まりを受けて、各生徒の考えが変容することにある。そのため、演説後に聞き手となる生徒は各自で要点をまとめ、それに対する意見と理由（根拠）を提案させることが大切である。したがって、グループで考える場面と、個人で考える場面を整理して指導し、生徒には自分の意見を明確にすることを当たり前の状態にさせたい。一見して議論自体は特定の生徒が行っているような展開でも、各自の考えが変容している可能性を見落とさないようにする必要もあるためだ。

④本時の展開

	学習内容	主な生徒の活動	指導上の留意点
導入 10分	○議会内容を共通理解する。	○当選した区長による所信表明演説を聞き、要点をまとめる。	○前時の立会演説会の内容から補足や修正があることを予告する。
展開Ⅰ 15分	○代表質問を行う。 ○各班で質問内容を精選する。 ○各班代表による代表質問と区長による答弁。 ○次点の生徒に議長を、そのグループから１人書記を出させる。	○所信表明演説に対して各自で意見を考える（賛成、反対、条件付き）。 ○各班で質問内容を精選する。 ○各班代表による代表質問と区長による答弁。	○時間を３分で区切り、各自で考える内容については相談させない。 ○次点の生徒に議長を、そのグループの参謀に書記をさせる。
展開Ⅱ 20分	○模擬区議会：よりよい政策立案のために話し合う。	○各班からの答弁を受けて模擬区議会を行う。 「なぜ、こんなに予算が必要なのか？」 「この政策なら、住宅地域より商業地域優先して行うべきではないか？」	○議事進行シートを用いて、議長生徒中心に運営させる。 ○政策をよりよくするための議会であることを要所で確認させる。
まとめ 5分	○本時のまとめ	○議長による議事内容の整理と区長による議会へのコメント。 ○議会を踏まえた修正案の提示があることを予告。	○次の区長が出した修正案を受けて、自分の意見をまとめて当初の提案と比較させる。

第3節　授業の山場

　ここで取り上げるのは、当選した区長生徒（以下「区長」）の政策に対して意見の共有をしたり、修正を行ったりすることで政策を練り上げる展開Ⅱの一場面である。生徒が当選させた区長の政策について、質疑を通して練り上げていくことで、議会が果たすべき役割を体感させることができる。

　前時の立会演説では区長は3つの政策を提案しているが、時間の制約上、区議会では1つの政策に絞らせる。区長は「世田谷区全域での防災訓練の実施」に政策を設定し、半年に1度、1億円をかけて区全域で防災訓練を自主参加で行うことを提案した。具体的な内容としては「①備蓄品のチェック、②1週間前に住民に訓練実施のお知らせをして当日は自主参加にする、③費用としては1人あたり1000円徴収される、④こうした訓練を行うことで実際に起こった時にパニックにならないようにすることと自覚をもたせられる」という4点を政策の軸としている。

　この政策に対して、各班からはさまざまな質問が出されたが、ここでは1人の質問者が費用面で質疑を行った場面を取り上げて、政策が修正されていく流れとその質疑が他の生徒に与えた影響を示すこととする。なお、この質問を行った生徒は区長候補生徒で調査活動も熱心に取り組んでおり、「世田谷区ではこの政策を出す前から各地域で年500回近く訓練を行っていて、総合訓練を行ったことがある」という情報を得ており、当初から「この政策は必要ない」という認識をもっていた。

質問1：もし、参加する時に1人1000円とるとしたら、区の人口は80万人弱いるから、8億円とる必要があるのか。
区　長：必要経費以上のお金は集める予定はありません。防災訓練に1億円、残りの7億円のうち、3億円については、道路を時間で止めるのに使います。さらに余るお金は防災備品購入にあてます。

まず、1人1000円で考えた時の予算総額の利用方法が質問された。試算を行うことは調査の段階から意識させる必要がある。区長からは大まかな使い道が説明された。次の生徒は、1億円の内訳について質問を続けた。

質問2：訓練でかかる1億円の詳細を詳しくしてほしい。
区　長：防災訓練に使う経費1億円は、不足備品の購入に充てる。毛布が1枚500円、各避難所に100枚ずつ。これが1100万円。次に、レトルト食品全部で3600万円、カイロ1個20円、全部で500万円、水が44万円。これにかかる費用が5000万円。足りない場合はおいおい補充。1週間前にお知らせを郵送。それに5000万円かかるので、それで1億円。

　区長は、訓練の費用の試算を答えているが、さらに続けられた次の質問から質問の焦点は徴収金額の引き下げにあることが読み取れる。こうした議事が、本時では何度も出てくるが、まとめの時にこうした予算のやりとりを取り上げると、予算が政治の内容に直結していることを確認でき、理解が深まりやすい。

質問3：1000円はどの単位でとるのか。
区　長：訓練1回あたり1000円をとる。
質問4：1回だとして避難訓練の費用はどうするのか。半年に1度行うのだから、年2回徴収するのか。2000円は多過ぎる。備蓄品は消費期限もあるのに毎年入れ替えられるのか。
区　長：年1回徴収することにします。備蓄品は実際に避難訓練する時にそれを食べる。1億円ですべてを取り替えるわけではないし、食品も全部を食べるわけではない。
質問5：さきほど区長からもあった通り、残りの4億円も備品購入にあてているので重複になっているし、全取り替えではないので意味がないのではないか。

区　　長：確かに1億円を1年に1回集めるのはもったいないのでどうすればよいか。

質問6：1億円で不足備品が買えるのであれば、参加費を安くするべきではないか。1回目は1000円でよいが2回目以降を減らしてはどうか。

区　　長：その点については考え直します。直近については1000円を使い、次の回からは500円など減らしたいと思います。

　一連の質問の中で、区長班が提示した費用の使い道に矛盾があることが明らかになった。区長班の生徒は「時間が足りず、あやふやになっていたところをつかれたし、コストの削減につながった」や、「問題点を明確にし、どのように改善すべきかをいっていた。与党である僕も感心した」と述べている。区長班も試算については十分検討ができておらず、そのことが一連の質問から明らかになり見直しが行われたのである。

　こうした指摘を教員が行うのと生徒たちが話し合いで明らかにしていく過程を経るのでは、議会の必要性を体感させる点で差が生じる。この場面がこの議会で最も心に残った意見だとしている生徒が61％（n=38）いる。そして、その理由の多くはこの場面で区長が政策の修正を明言し、最終案にもその修正が反映されたことによって「よりよい政策になった」と評価した生徒が多かったことから裏付けられる。この授業場面からは、講義型の授業では見落とされがちな行間部分である首長と議会の関係性を体感する様子が伝わるだろう。もちろん、その中では問われなければならない学習の質もある。次の節でその点について触れていくこととする。

第4節　学習指導と評価の充実

　模擬区長選挙だけでなく、生徒が調べ、話し合いを行って授業を展開する時には、当初の段階で評価項目とその基準を生徒に示し、単元中にも次の学習につながるような学習評価を行うことが大切である。

表2　評価表例

評価	修正案の立案	議会での発言	首長と議会の関係性
A	演説の要点をつかみ、根拠を示して、適切な修正案を提案することができる。	話し合いの争点に合致し、話し合いを前に進める建設的な発言ができる。	首長と議会の関係性を、実際の政治の仕組みと授業感想を交えて説明できる。
B	演説の要点をほぼつかんでいて、自分なりの修正案を提案することができる。	話し合いの争点にほぼ合致し、情報を補足したり、整理したりすることができる。	首長と議会の関係性を、授業感想から説明でき、その内容が実際の政治の仕組みとも合っている。
Bへの努力が必要	演説の要点をつかむことに努力を要する。	話し合いの争点とはずれた発言になっている。	首長と議会の関係を授業感想からのみ伝えられる。

　まず、評価項目はABCの基準を生徒が理解できる言葉で示した**表2**のような評価表を作成したいが、すべての学習内容について授業者自身で作成したり、その評価を行ったりすることには限界がある。そこで、他の授業者や研究者が作成した指標を援用したり、少なくともB評価（おおむね満足）の基準となる指標を示したりしたい。生徒がその基準を目標にしたり、取り組みを振り返ったりすることができるためである。今回の本時の評価表は**表2**のようなものになる。

　このように、学習が始まる前の段階から基準を生徒に示すことに抵抗があるかもしれないが、調査や話し合いを通して学びの質が変わることを実感した生徒は、自分の学びに対するこだわりが生まれてくることも少なくない。逆に評価基準が示されることで、最低限の点数をとれるように学習課題をこなせばよいという姿勢になる生徒には、まず学習関心を高めるための工夫を行うことが必要である。したがって、それまでの学習経験や取り組み方も含めて評価をしていくことが大切となる。

　また、次の学習につながるような学習評価とは、各授業で行ったことが一連の記録となるようにワークシート等を残すとともに、生徒が間違った認識をしている場合に修正を図るための評価である。調べ学習やグループ学習では生徒の活動の流れを止めるため、評価を入れる機会を得るのは難しいが、知識面の保障でも大切になる。

そして、期末試験などで基礎的基本的な内容の理解を評価することも必要となる。本時の場合は、基礎的基本的な内容について「地方自治が『住民のために意義あるもの』になるためには、誰にどのようなことを行うことが求められるか」という評価問題に答えられること、単元指導計画の知識・理解で示したキーワードの説明ができることを評価対象としている。

おわりに

多くの生徒は残念ながら教員を選ぶことはできないという事実がある。その教員がどれだけ自身の学力を高めても、生徒の経験や学びの履歴を無視して授業を構成してしまえば、生徒にとって意味のある授業となるとは考えにくい。学校の中にはさまざまな背景をもった生徒が存在するからである。そのさまざまな背景をもった生徒1人ひとりが大人になった時に、適切な判断をしたいと思うことができる資質と能力と自信をつけられる授業を目指して、私たちは日々研鑽を積む必要があると考えている。

参考文献

山縣文治、岡田忠克編『よくわかる社会福祉』(第10版) ミネルヴァ書房、2014年

坂井俊樹、竹内裕一、重松克也編『現代リスク社会にどう向きあうか──小・中・高校、社会科の実践』梨の木舎、2013年

吉村功太郎「政治学習」日本社会科教育学会編『社会科教育事典』(新版) ぎょうせい、2012年

井門正美「役割体験学習論に基づく社会的実践力の育成」江口勇治ほか編著 (谷川彰英監修)『市民教育への改革』東京書籍、2010年

上條晴夫、江間史朗編著『ワークショップ型授業で社会科が変わる中学校──"参加・体験"で学びを深める授業プラン17』図書文化社、2005年

第16章 学習指導と評価の充実

はじめに

　本章では、中学校における学習指導と評価のあり方について扱う。指導と評価は切り離されたものではなく、一体的・連続的に進められるものでなければならない。本章を通して、指導の事実に即した評価、評価の結果を踏まえた指導、さらに「指導と評価の一体化」のあり方を紹介していく。

第1節　評価の機能と意義

1. 中学校の現状からみた評価の改善

　教師は、年間指導計画に基づいて、日々の授業や評価の計画・準備を行っていく。中間・期末考査が近づく時期には、問題作成や採点に追われ、学期末に成績を提示する時期になると、テストや提出課題などを踏まえて

評価・評定を行う。その他にも、学級経営や部活動、生徒指導など、多忙を極める中、生徒や保護者に信頼される評価・評定の実施に努めていかなければならない。最近では、教員が表計算ソフトによって関数や数式を用いた成績シートを独自に作成し、そこに生徒のテストの点数や提出課題を点数化したものを入力して評価・評定を出すということも一般的になりつつある。

しかし、このような取り組みでは、「評価のための評価」にもなりかねないため、評価本来の役割を問い直そうという声があることも事実である。そこで、評価の機能と意義を改めて考えてみることにしたい。

2. 評価のあり方

評価というと、生徒は、「A・B・C」や「1・2・3・4・5」の評定をつけられた、という意識が強い。これは、評価は教師によってのみ行われるといった評価観によって生じたものであり、評価に対する生徒の受動性を示すものである。しかし、本来、評価は教師と生徒で共有するものである。また、評価には、生徒が自らの学習状況を把握し、今後どのような点に力を入れればよいのかを明確にするという自己学習能力に基づく生徒自身の判断機能がなければならない。生徒の自己評価を支え、教師がその能力を育成するのが、評価の役割であるといえよう。

また評価は、教師にとっては、自身の日々の指導、授業を見直す手がかりとして機能させる必要がある。評価を授業者である教師と、学習者である生徒とが共有することによって、生徒は評価を自分で導いたもの、と意識することができ、教師は授業評価をより妥当性のあるものとすることができる。そこで、次節から以下のような評価の改善策を示していきたい。

①子どもたちの成長過程や達成度、つまずきをみるための評価と授業改善
　→PDCAサイクルによる指導と評価の一体化

②生徒たちに身につけさせたい力を明確にした授業づくりと、それを
　　みとる評価方法の確立
　　　　→観点別評価と評価規準（基準）の設定
　③社会科の学力観・授業観の問い直し
　　　　→PISA調査を踏まえた「思考力・判断力・表現力」の育成
　④知識・理解に重点を置いたテスト中心の評価方法の問い直し
　　　　→テストの見直しと活用

第2節　評価の方法とその変遷

1. 学習指導要領の改訂と評価の考え方

　1977（昭和52）年の学習指導要領の改訂では、各教科の学習の記録について、集団に準拠して評価する評定が重視された。いわゆる相対評価による「評定」に加えて、「観点別学習状況」の欄が設定された。その後、絶対評価を重視する改訂が行われ、1998（平成10）年の改訂により、「目標に準拠した評価」に改められ、観点別評価と、総括的な評定が行われるようになった。そして、現行の2008（平成20）年版学習指導要領では、後述する国際的な学習到達度調査であるPISAの結果等を踏まえ、総則に以下のような学力の3要素が示された。

　①基礎的、基本的な知識及び技能
　②知識及び技能を活用して課題を解決するために必要な思考力、判断
　　力、表現力等
　③主体的に学習に取り組む態度

　この3要素が示されたことを受け、従来の「技能・表現」が「技能」に、「思考・判断」を「思考・判断・表現」という観点から評価することになった。

2. PDCAサイクルと「指導と評価の一体化」

2008（平成20）年の中央教育審議会「学習指導要領等の改善ついて」の答申では、評価を踏まえた教育活動の改善として、Plan（計画）– Do（実行）– Check（評価）– Action（新たな取り組み）のPDCAサイクルの確立と、「指導と評価の一体化」が重要であることが示されている。「指導と評価の一体化」とは、指導した事柄を適切な方法で評価すること、評価から得られた結果を指導に反映させることである。

例えば、グラフの読み取りをする学習を行う場合、単にその指導を行うだけでなく、その活動状況を把握し、そこに認められた良さや、つまずきに適切に対応したり、個に応じて働きかけたりすることによって、指導と評価を一体化することが意図されているといえる。

3. 評価の観点と評価規準・評価基準

「指導と評価の一体化」を行うために、子どもの学習状況を把握する手がかりとなるのが「評価の観点」である。現行の学習指導要領では、①社会的事象への関心・意欲・態度、②社会的な思考・判断・表現、③資料活用の技能、④社会的事象についての知識・理解の4つの評価の観点が設定されている。

現在求められている目標に準拠した評価は、目標に対してどの程度達成しているかによって判断するものであり、「評価規準」と「評価基準」を設定する。両者を区別するために「のりじゅん」と呼ばれる「規準」は、期待される生徒たちの姿を示したものであり、「もとじゅん」と呼ばれる「基準」は、それを踏まえて達成の度合いを示したものである。

授業の際には、評価基準として「B：評価規準をおおむね満足できる」を設定し、それを超えるものを「A：十分満足できる」、それに達していないものを「C：努力を要する」とする。生徒全員に求める状態である「B」をどのように設定するかが教師の腕の見せどころである。国立教育

政策研究所の『評価規準の作成、評価方法等の工夫改善のための参考資料』には「評価規準の設定例」が示されているため、各学校の実態に合わせて規準を示していきたい。この際、留意したいのは、生徒たちの姿を具体的に描けるかどうかである。「多面的・多角的に考察し、その過程や結果を適切に表現している」という規準があっても、具体的にどのような姿が現れた時に満たしたといえるか、それを教師自身が指導プランと学習実態に基づいて明示し、生徒にも判断基準を明らかにしなければならない。

「評価基準」の設定にあたっては、資料の活用状況（比較できているか、要約できているか）や論述状況（趣旨が明確であるか、必要な事項が記載されているか）を想定し、恣意的な評価に陥らないように具体的な判断基準を検討する必要がある。さらに、その基準は生徒と「ルーブリック」という形（後述）で事前に共有することも考えられる。

第3節　PISA調査と社会科教育

1. PISA調査の概要

先述したように、学習指導要領の改訂に大きな影響を及ぼしたのが、PISA調査である。PISA調査とは、OECD（経済協力開発機構）が3年ごと（2000年、2003年、2006年、2009年、2012年）に加盟国を中心に行った国際的な学力調査である。PISA調査は、義務教育終了段階の15歳児がもっている知識や技能を、実生活のさまざまな場面で直面する課題にどの程度活用できるかを評価するための調査である。「知識基盤社会」の時代を担う子どもたちに必要な能力を「キー・コンピテンシー」とし、社会的に有用な知識を活用して問題を解決する力を「読解力」「数学的リテラシー」「科学的にリテラシー」に分け、調査している。

PISA調査が重視する3つの主要能力（キー・コンピテンシー）は以下のものである。

①社会・文化的、技術的ツールを相互作用的に活用する能力（個人と社会との相互関係）
②多様な社会グループにおける人間関係形成能力（自己と他者との相互関係）
③自律的に行動する能力（個人と自立性と主体性）

　社会科教育においては、これらをどのように指導計画に位置付けて取り扱っていくかが、各学校、授業者に求められている。

2. PISA調査の結果と社会科の課題

　PISA調査の結果、日本は数学的リテラシー、科学的リテラシーは国際的に上位に位置するものの、読解力と学習意欲において問題があることが指摘された。特に、自分の考えを記述する問題に対する無回答率が高いという結果が出ている。つまり回答しようとしないという課題がある。
　このため、現行の学習指導要領において「思考力・判断力・表現力」を育成するための「言語活動の充実」が重視されている。中学校では「観察や調査などの過程と結果を整理し報告書にまとめ、発表することなどの活動を取り入れる」ことが示されている。これらは従前の学習指導要領からもみられる文言ではあるが、改めて、社会科の授業のねらいに位置付け、生徒の意欲と思考力・判断力・表現力を育む評価を実施することから、充実した言語活動を展開していく必要がある。

3. 社会科の授業観・評価観の問い直し

　現行の学習指導要領の告示以降、「思考力・判断力・表現力」の育成の重視、「言語活動の充実」を銘打った研究授業、研修が増えている。しかし、この言葉が先行し、本来の社会科授業としての内容・方法が置き去りにされてしまってはならない。例えば、言語活動として、単に話し合いを

学習活動に入れ、どのような内容で話し合わせるか？　という視点で授業構成をすれば、話し合いがその授業の目的になってしまう。しかし、あくまで話し合いは、「思考力・判断力・表現力」を身につける手段でなければならない。

　「教科書で教える」といわれるが、単元計画を立てる際には、教科書の目標に依存することなく、学習を終えた時点で、生徒がどのような状態になっているのが望ましいのかを十分に検討する。これにより単元目標が具体化され、適切な評価規準が設定される。内容を消化するだけの、いわゆる「教科書を教える」ための単元計画であってはならないのである。

　単元計画の作成では、1時間ごとに単元目標の達成を視野に入れ、限られた時間の中でどのような学習活動を中核に据えるか、また、それに合わせて評価の4観点のうちどれを取り上げ、どのような評価場面を設定して学習状況を把握するかを検討しておく。例えば、ある授業で、社会問題に対して自分の考えをもたせる、という目標を設定するとすれば、どのような学習活動がその目標達成にふさわしいか、仮に話し合いがふさわしい学習活動ならどのように行うか、そして生徒の考えに対して、「思考・判断・表現」の評価をするとすれば、学習活動に即していかに行えばよいか、というように評価計画を適切に位置付けながら単元計画を作成する。

　その際、授業者は、異なる意見の生徒同士が話し合った結果、生徒にどのような反応・変容がみられるかをあらかじめ想定しておかねばならない。話し合いという学習活動によって期待される姿を想定し、それに応じた評価基準を明確にしておく必要がある。これは、すべての学習活動に共通するが、評価規準に対してどのような姿がみられれば「A・B・C」と判断するのか、その基準を事前に明確にしておきたい。

第4節　テストの問い直しと活用

1. テストの問い直し

　テストについては、いわゆる穴埋め式や一問一答式の問題ばかりが出題され、暗記に頼った知識・理解への偏りがみられるという批判が以前からなされている。平均点や採点方法などに配慮する作問についても同様である。このようなテストのあり方を問い直す取り組みが求められる。
　生徒・保護者の多くは、テストの点数に関する関心が高い。だからこそ、定期テストを通して、授業のねらいと共に評価の意義を理解してもらう機会にしていきたい。そして、生徒がテストの結果を学習の達成度として受けとめ、今後の学習改善につながるようにテストを作成するだけでなく、テストを教師自らの指導の改善に役立てるものとしていくべきであろう。テストは、生徒の成績に差をつけるための道具ではないことに留意したい。

2. テストの作問

　テストの方法には、①客観テスト、②論文体テスト、③問題場面テストなどさまざまな方法があるが、それぞれの方法が学習前の診断的評価、学習中の形成的評価、学習後の総括的評価、のどの評価として用いられるかによって目的・設問・所要時間等が変わる。本節では、ペーパーテスト型の定期（中間・期末など）考査などのテストについて考えてみる。
　テストの作問は、4観点別に問題を作成し、それを明らかにすることが重要である。ただし、寄せ集めたような問題ではなく、大問1つの中で、まとまりのある知識の構成が図られるように工夫したい。例えば、授業での教師と生徒のやりとりを会話形式にして出題することで、授業での発問から、知識が構成される過程を再構成し、達成度を測ることができる。テストを解いたことで改めて生徒の理解を促し、深めるような工夫をしたい

ものである。評価の場を新たな学習の場としても活用するのである。

「技能」の達成度を図るために、資料を活用する問題を出題していても、回答の根拠が覚えてきた知識によるものであれば、生徒に資料を活用させたことにはならない。また、「思考・判断・表現」を評価するために自分の考えを述べる問題であっても、制限時間内に終わらないような問題量であれば、本当の意味で思考したことにはならない。

解答させる際のルールや、採点基準もあらかじめ設定し、場合によっては問題用紙に示しておくなど、テストの作問にはさまざまな配慮が必要である。

4観点別に作問することは、生徒や保護者に対し、出題の意図を伝え、合計点数だけでなく、評価の観点に目を向けさせるためにも重要である。合計点数ばかりにとらわれず、生徒自身が4観点のうちどの観点が弱いのかを分析できれば、今後の学習の改善点を示すことにもなる。

3. テストの活用

テストは、生徒のつまずきや成長を知るための絶好の機会であり、教師自身も指導の課題や成果を認識し、改善・成長するための機会にもなる。

「関心・意欲・態度」はテストでは測れないということも聞くが、テストの中でも測っていく工夫が必要であろう。例えば、「あなたなら、コロンブスの功績をどのように記述しますか？ 世界中の人々が納得するような教科書の記述を考えなさい」という問題は、授業で扱った内容を活用するという意味で「思考・判断・表現」を評価する問題であるが、同時に「関心・意欲・態度」もみられる問題となる。単純に点数化することはできないかもしれないが、評価記入欄を設け、「関心・意欲・態度」の評価も示せるようにしたい。

第5節　評価への日常的な取り組みと学習指導の改善

　よく「工夫のある授業が大切である」といわれるが、その評価方法までは考えられていないことが多い。さまざまな工夫を凝らした授業をしても、評価の重点が最後のテストにあるのでは、生徒たちは日々の学習に積極的に取り組もうとはしない。テストの問題を工夫する取り組みも重要であるが、評価の中心はやはり日々の学習活動の中にあるべきである。テストも含めた、日々の評価計画が生徒と共有されることによって、日々の学習はより充実したものとなる。本節では、日々の学習と評価について、以下の事例を紹介したい。

1. ノートによる評価

　生徒たちの日々の学習成果が最も現れるのは、ノートである。平田博嗣は、「ノートを見れば、授業がわかる」とし、ノートによる評価方法を示している［平田2009］。筆者はかつて平田氏と分担して、授業を担当し、評価計画を立てたことがあるが、その経験から現在では、**表1**のようなノートを活用した評価を行っている。

　ノートの内容から何を評価しているかを明確に示すことで、生徒の側からは学習内容を意図的・重点的に表現することになる。だからこそ教師の側からは、生徒の日々の学習内容や思考過程をより詳細にみることができる。

表1　評価規準と主な評価対象

関心・意欲・態度	思考・判断・表現	技能	知識・理解
学習感想 提出期限	授業発問「考える」 に対する答え	自分で考えた 授業タイトル	授業のまとめ 授業中の記録

　A（十分満足できる）：授業内容等を踏まえ、自分の言葉で記述・論述できている。
　B（合格）：学習に取り組んだことが認められる。
　C（不合格・努力を要する）：未提出または内容が不十分である。

2．ワークシートによる評価

ノートとともに日々の授業に活用されるのは、ワークシートである。ワークシートは、内容整理型、資（史）料読解型、思考整理型など、目的に応じてさまざまな機能を果たす。ワークシートを回収し、評価して返却する際には、記入する欄がすべて埋められているか、ノートにきちんと貼ってあるか、などの視点だけではなく、4観点のうち何が評価されているのかが分かる欄をつくっておきたい。

ここでは、「思考力・判断力・表現力」を身につける授業とパフォーマンス評価（ある特定の課題・設定を与え、知識や技能を用いた作品づくりなど多様な表現行為を評価する方法）によるワークシート評価の事例を示したい。

（1）単元名

歴史的分野「ヨーロッパのアジア侵略と日本の開国」（6時間扱い）

（2）本時の展開

本時は、「イギリスの対アジア貿易」を扱う。アヘン戦争直前の、イギリスと清とがアヘンをめぐる対立をしている場面を対象とする。授業課題として「イギリス議会は清国に対してどのような対応をするのがより望ましいのか？」を設定する。イギリスの資料として、「グラッドストンの演説」「イギリスの財政状態」、中国の資料として「林則徐の手紙」「中国の貿易」などを活用し、自分がイギリス議員であったら清に対して武力行使するのか、しないのかを含め、どのような主張をするのかを考えさせる。

表2　社会科パフォーマンス課題

> あなたは、1840年のイギリス議会の議員です。現在イギリスでは、清国のアヘンの取り締まりに対し、武力で解決するかどうかが議論されています。今、あなたが議場で主張をするように頼まれています。以下の注意を読みながら、どのような主張をすればよいか考えてください。

（3）本時の評価

パフォーマンス評価を用い、生徒は、ルーブリック（評価の段階）を示すことによって、自分の表現力を自己評価させる。

表3　評価の段階（ルーブリック）

	評価段階	評価の判断基準
A	5：十分満足できる 4：おおむね満足できる	資料を活用し、イギリスの財政状況や、アヘンの流入による影響など具体的な事実を明記できているものを「4」、さらに武力行使の有無によって予測される今後の社会状況が論述できているものを「5」と判断する。
B	3：合格	資料を活用し、イギリス、清両国の立場を理解した上で、自らの主張に反対する議員の主張も想定して論述できている。
C	2：もう一歩 1：努力が必要	資料の読み取り、分析ができず、根拠を明確にさせて主張することができていない、また、自分の感情や主観による主張にとどまってしまうものを「2」と判断する。自分の考えを書くことができず、学習課題に十分に取り組むことができないものを、「1」と判断する。

C評価の生徒に対する指導の手立て

イギリスは清にアヘンを売らなければ茶や銀の購入によって流出した銀の回収ができなかったこと、清ではイギリスが流入させたアヘンにより中毒者が出ていたことに気づかせる。

イギリス・清の両国の状態について説明し、「イギリスは武力行使が必要か、必要でないか」と問い、判断させ、理由を論述させる。

おわりに

本章では、評価の意義と機能について述べてきたが、中学校の現状において、それが十分に果たせているとはいい難い。特に、単元の評価計画の作成や、評価を授業改善に生かすという点に課題が多いといえよう。経験年数の少ない教師は、子どもたちに興味・関心をもたせる授業づくりだけ

で精いっぱいになってしまっているかもしれない。しかしながら、興味・関心をもたせた上で、どのような力を身につけさせ、それをどのようにみとるのか、そこまでを見通して初めて授業準備ができたという認識をもって臨んでもらいたい。

また、生徒・保護者に対しても、評価の意義と機能を確実に共有するよう努めなければならない。単なる説明責任のための評価資料ではなく、生徒自身が、今後の改善点や目標を明確にできるような評価の提示方法も考えてほしい。

評価・評定は、卒業後の高等学校進学などに必要な調査書や進路資料としての機能も果たしている。この意味で、日々の学習・評価は学校の教室の中だけでのものではなく、広く社会に向けられたものともいえる。学習指導と評価の充実に努めていくことは、生徒や保護者、さらには社会全体からの信頼にもつながっていくといえるであろう。

参考文献

中尾敏朗、土屋武志、下山忍編著『歴史学習「観点別評価」ワーク――評価規準＆記述例でよくわかる』明治図書出版、2014年

日本社会科教育学会編『社会科教育事典』（新版）ぎょうせい、2012年

平田博嗣『これだけははずせない！ 中学校社会科単元別「キー発問」アイディア』明治図書出版、2012年

北尾倫彦監修、山森光陽、鈴木秀幸全体編集、館潤二編集『観点別学習状況の評価規準と判定基準（中学校社会）』（平成24年）図書文化社、2011年

岩田一彦、米田豊編著『「言語力」をつける社会科授業モデル（中学校編）』明治図書出版、2009年

平田博嗣「中学校社会科授業評価デザイン」小原友行編著『「思考力・判断力・表現力」をつける社会科授業デザイン（中学校編）』明治図書出版、2009年、pp. 139〜146

終　章

基礎的知識を生きて働く知恵に転換する授業研究

はじめに

　これまで本書を読んで考えたり、実際に学習指導案をつくったりする過程で、社会科の授業づくりの難しさと面白さに気づいていただけたであろうか。小学校か中学校かを問わず、授業力を高めていこうとする際に先ず必要なことは、社会科学習の指導と評価に対する基本的な知識の理解である。しかし、文字化された知識はあくまで一般化された概念や技術、あるいは特定の状況や文脈に即した例示であり、それさえ習得していれば実際によい授業ができるわけではない。習得した知識は、授業の計画・実施・評価を通して常に問い直され、課題や状況に対応するようバージョンアップされていくことが必要なのである。授業者はもてる知識に新たな知識を加えつつ、授業の目的や子どもの実態に即して機能する知恵に変換し続けることにより授業力を高めていく。

　1時間、1時間の授業は、そうした授業力によって充実していくのであるが、その前提には十分に研究・検討された単元プランが不可欠である。

その意味で求められる授業力とは、部分をなす各授業を充実させるだけでなく、全体をなす単元を緻密に構想し、その意図を具現化する能力であることに注意してほしい。単元全体の準備時間と学習効果を考えれば、事前に時間をとって単元の構想を練り、常に単元の構成や展開を念頭に置いて授業に臨む方が効率的かつ生産的であろう。授業前日に明日の授業をどうするかを考えても、できることは極めて限られている。

　さらに、単元が年間の社会科カリキュラムに位置付けられていることを考えれば、広義の授業力がカリキュラムの作成能力を含むことは明らかである。地域性や社会の動向、子どもの成長を見据えながら、長期と短期の見通しをもって着実に社会科授業を進めていく授業力の育成が期待される。授業力には綿密に計画を立てながらも固執することなく、状況に応じて変更していく柔軟さと、それを可能にする周到さが重要となる。

第1節　社会科授業の改善を進める授業研究

1. 授業力を育成するための授業研究

　社会科の授業力、言い換えれば社会科の学習指導に関する専門的力量は、どのように高めていけばよいのであろう。教職経験を積んでいくと自ずと高まっていくのであろうか。確かに経験が重要であることは間違いないが、単に年数と回数を重ねても授業力が向上するわけではない。授業の経験を重ねる過程で、意識的に取り組まなければ授業力の向上は望めない。

　授業力を高める意識的な取り組みは、目標・内容・方法の研究に基づく単元プランと本時案の作成に始まり、授業中の学習指導とその状況把握を経て、事後の振り返りに至る過程全体を通して行われる。事前の検討により作成された単元や本時のプランは、授業者にとって最善の授業計画であり、授業仮説とも呼ぶべきものである。そもそもこの仮説がよく練り上げられたものでなければ授業の成立は難しく、子どもが何を学習したのか、

指導のどこに問題があったのかを把握して、成果と課題を明らかにすることはできない。授業仮説の丁寧な検証、いわゆる省察により授業力が育まれることを考えれば、授業中の状況に基づく判断や働きかけと共に、授業の意図や手立てを記した授業計画を常に問い直す必要がある。

　1時間の授業で考えれば、子どもがどこまでねらいに達しているか、用意した資料等の教材や学習活動は妥当か、発問や板書は適切であるか、あるいは言語活動の充実など本時で意図としたことは達成されているか等、学習状況を中心に検証・検討すべき多くの観点が想定される。授業の展開過程で随時子どもの様相を把握しつつ、事後に重要と思われる観点から多角的に授業を振り返り、学習の事実を踏まえ指導の事実を考察する。

　このような事前・事中・事後に渡る一連の意識的な取り組みによって授業力は育成される。検討の不十分な計画で授業を行い、事後に抱く漠然とした印象から次回は頑張ろうと思ったとしても、それは授業力の育成には結びつかない。社会科授業に対する研究的な取り組み、すなわち社会科授業研究が授業力を育てるのである。小学校では、指導するすべての教科・領域で同じように授業研究を行うことは難しいので、自らの研究教科を中心に軽重を考えて取り組む必要がある。

2. 継続的・日常的な授業研究としての授業評価

　授業研究と聞くと、研究テーマを決めた特別な取り組みのように思われるかもしれないが、日常の授業づくりとその結果を考察し、課題を明らかにする取り組みも授業研究である。継続的に日々の授業を改善していく授業研究は、授業評価と呼ばれることが多い。教師の指導と子どもの学習に関する資料を収集・分析して行う授業評価は、考察対象を絞り込むことにより必ずしも多人数で臨む必要はなく、意欲さえあれば1人でも可能な授業力育成の方法である。多くの参加者が授業を観察して協議する研究授業に比べ、日々の授業評価は地味な取り組みにみえるが、授業者が継続的に自己の授業を省察する効果は大きく、授業者のみならず結果的に子どもの

成長にも大きく寄与することになる。

　授業者が日常行う授業評価では、本時案（指導予定等）、自己の発言・行動、子どもの発言・行動・様子、学習状況の記録を評価資料とし、教師と子どもの記録を照らし合わせて学習に対する指導の効果や成果、改善点を明らかにする。そこでの記録の中心となるのは、教師側では発問と応答の受けとめ、説明や指示、資料などの提示教材、板書等、子ども側では挙手の状況、発言者とその内容、つぶやきなどの私的発言、ノートなどの学習記録等であろう。授業の録画記録も資料となるが、再生しての評価には時間がかかる。そのため本時案と、終了後すぐに指導や学習の状況を記したメモを資料とする方が簡便である。こうした資料に最終的な板書の写真や、学習ノート・ワークシートなどの資料を加えて多角的に省察することで、単なる印象ではない授業の事実に基づく授業評価が可能になる。

3. 学習評価と授業評価のサイクル化による授業改善

　これまでのことからもわかるように、授業評価は子どもたちの学習評価に基づいて、より適切な指導のありようを探る取り組みであるともいえる。子どものノート等をチェックして、何を考えどこまで理解しているかを確認する学習評価で終わることなく、それを次の指導の改善や計画に生かすことでいわゆるPDCA (plan・do・check・action) サイクルが実現されることに留意すべきある。授業評価を進める過程で、例えば根拠をもって考える力が育っていないと判断すれば、理解した事実に基づいて意見を言ったり書いたりする場面を増やすなど、授業の改善が自ずと図られるはずである。改善された計画と実施の効果が次の学習評価に現れ、更なる指導の改善が図られていく。授業評価は、授業力育成への取り組みであると同時に、次の授業に向けて指導の内容や方法を明らかにする取り組みでもある。授業の評価は単元プランの評価と修正へつながり、最終的にはカリキュラムの評価と改善へとつながっていくのである。

　社会科の学習評価では、子どもの発達や実態を考慮しつつ、問題意識や

調査計画をもっているか、資料や記録の収集・解釈・評価・再構成ができているか、社会的事象について合理的で多面的な理解がなされているか、などの観点が設定される。それらに加えて、学習対象となっている事実や事象の社会的な意義や問題点が把握されているか、理解内容に基づいて自分の考えや自分との関わりが表現されているかといった観点が、社会科にとっては重要なものとなる。授業評価では、限られた時間の中で今後子どもたちに何を学習させるのかを検討し、指導の重点や方法を決めねばならない場合も起こりうる。ここでの検討は、多少なりとも授業者の社会科授業観を反映したものとなるが、少なくとも社会科がどのような目的をもつ教科なのかを失念してはならないであろう。

　授業者による日常的な授業評価は、個々の授業の問題点を継続的に検討することを通して、自分の学習指導における課題と改善の手立てをつかむと共に、必然的に子どもに対する理解を深め、成長を促す評価の充実にもつながるはずである。もし授業で気にかかる子どもがいれば、その学習状況を継続的に把握し、よりよい対応の仕方を検討していくことになるからである。こうした個に対する知見の蓄積に基づき、その子への適切な処遇や指導方法を探ることも授業評価の一端である点を理解し、無理のない方法で日常的・継続的に取り組むことが肝要である。

第2節　研究授業を活用した授業研究

1. 観察と記録による授業理解へのアプローチ

　授業研究で最も一般的に行われている共同研究が、授業を公開しそこでの学習と指導について授業者と参加者が意見を交わす研究授業であろう。他者の授業から指導技術等を学ぶだけでなく、社会科の授業に関する多様な見方や考え方、子どもの発言に潜む意味や価値などに気づかせてくれる研究授業は、授業力を高めていく上で貴重な機会となる。学校や研究団体

がテーマを決めて研究し、その成果発表の中で研究授業が行われことも多いので、誰もが参加できるそうした場を積極的に活用してほしい。

それでは、研究授業で学ぶためにはにどのように臨めばよいのであろうか。授業の様子を詳細にみていても、よく発言する子が誰かといったような表面的なことしかわからないこともある。授業の事実をとらえるため記録をしながらみるのはよい方法であるが、記録に追われて実際の場面を見逃しては記録を有効に活用できない。二度と再現できない子どもと教師の複雑な営みである授業の内実に迫るには、観察と記録の方法に習熟し、自分に合った観察手法を身につけることが重要である。

観察を行うにあたっては、漠然と眺めるのではなく、教師の働きかけや子どもの学習状況を把握するための拠りどころとなる観点が必要となる。観点は観察の目的によってさまざまであるが、特定の目的をもたない初心者であれば、事前に配布された学習指導案に観点を求めるのが一般的であろう。本時の目標、使われる資料とその提示方法、主要な発問と学習活動、評価の方法等々、予定されている授業の組み立てや学習過程を確認しつつ、そうした計画と実際の展開とのずれに注目して観察を進めるのである。

例えば、ある授業場面で予定された学習活動を行うにあたって子どもが混乱したとすれば、子どもの様子から原因を観察し、活動へ導く教師の働きかけの問題点を把握する。それが資料を読み取る学習活動であれば、子どもたちが資料をどのように読み取っているのかを観察し、授業者の期待した情報内容と比較しつつ、発問や指示、資料そのもの内容や形態など、どこに問題があったのかを考え、状況と要点を手短に記録していく。

資料を読む子どもの観察では、正しく読めているのは何割ほどか、誰が何を発言したかだけでなく、印を付ける、グラフをなぞる、メモをする、隣の子どもと相談する、といった資料にかかわる子どもたちの動きにも目を配って観察すべきである。資料を読み取る活動では、苦手な子どもに適切な読み取り方をいかに習得させるかを考え、子どもの活動の中に指導の手立てを探ることが期待される。観察では問題点のみを探すのではなく、評価すべき発言や行動を拾い上げ、記録することも重要である。

上記の観察と記録は、主に学習指導案に記された教師側からの働きかけと、実際の子どもの反応や動きとの整合性に着目して、授業を理解しようとするものである。主に計画と実際のずれというとらえやすいところに着目することから取り組みやすい手法である。ただ、それだけにこの手法は、発問、資料、板書、評価など、授業を指導的側面から理解することになりがちなことも確かである。

　これに対して、授業をより学習的側面から理解するためには、学習指導案に拘泥することなく、教材と子ども、教師と子ども、子どもと子どもの間で行われる相互の働きかけを詳細に観察し、そこに生起する授業の事実と、それをめぐる指導と学習の意味や価値を探って記録するアプローチが必要であろう。学習を学級全体や個々の学びの文脈に即して観察し、その意味や価値を解釈・吟味することから指導とのかかわりを省察し、子どもたちの学びに対する理解を深めていくのである。決して容易な手法ではないが、授業改善が本時の内容等の理解にとどまらない子どもの学びの本質的な理解に基づくものであることを考えれば、是非とも挑戦してほしい手法である。これまで述べたような観察と記録に基づく研究協議をすることで、授業者と参加者が共に学び合える生産的な研究授業が可能になる。

2．研究授業と授業研究——授業研究と教師の成長

　自分が研究授業をすることになった場合は、どうすればよいのであろうか。所定の研究テーマの検討などと平行して、授業を行う単元の先行実践を批判的に考察し、自らの研究課題を具体化したり、授業づくりで生かすべき点を見出したりすることは不可欠である。実際にはあまり行われていないが、参考にした先行実践については、学習指導案に明記することを勧めたい。これは、学んだ部分と自分のオリジナルな部分を明らかにすることで、学習指導案に研究資料としての意味をもたせるためである。

　また、学習指導案の作成にあたっては、発問への応答、学習活動での取り組み方など、これまでの授業評価の成果を踏まえて、計画に対する子ど

もの反応を詳細かつ多角的に検討し、指導方法を修正したり、予定通り進まないときの手立てを用意したりする必要がある。例えば、話し合い活動では発問の吟味だけに終わることなく、子どもの発言を適切に受けとめ、新たな発言につなげていくことができるよう、子どもへの理解を踏まえて多様な展開を想定しておくことが大切である。また、授業で気になる子どもを1～2名選定し、その子への対応を留意点等の欄に書いておくと、参観者も注目してくれるので、新たな理解を生む機会をつくることもできる。

　授業研究は、正解がなく終わりもない取り組みである。授業研究から導き出された計画や改善の手立ては、授業者として最も信頼性の高いものであろうが、それは必ずしも1つとは限らず、教師の授業観や学習観、あるいは経験などによっても異なるものとなる。この点で教師は、自己の授業研究を常に相対化し、広く他者に学ぶ姿勢をもつことが期待される。また、授業研究の知見は、研究の継続によって活用され、同時に検証されるものである。もし1回めの授業評価が主観的であったとしても、繰り返し行っていくことで、そこから明らかになる知見はより客観的なものに近づくはずである。授業研究は、自らの専門的力量を認識し、高めていく継続的な営みであり、教師としての成長を印す軌跡であるともいえよう。

おわりに

　「知識基盤社会」の到来により、社会のあらゆる場面の活動において情報・技術等々の知識の創出が、一層重要性を増すといわれている。こうした社会をよりよく生きるために、社会科は何ができるでのあろうか。少なくとも、重要性を増すという知識を大量に習得させることが役割ではないはずである。すぐに陳腐化し変化する知識の獲得には意味がなく、さまざまな社会状況でよりよく生きるために機能する、公正で合理的なものの見方・考え方を育成することが期待されているのではないだろうか。

　そうした社会的なものの見方・考え方の育成には、状況や問題に応じ最善の方法で必要な知識・情報を収集し活用する能力の育成や、排他と独善

に陥ることなく多角的・多面的に思考し、論理的に判断する能力の育成も統合されていると考えるべきである。さらに公民的資質という点からみると、上記の能力や見方・考え方から導かれる結論を主体的に受けとめ、社会の改善に参加・参画する態度も統合的に育成されることが重要である。

多様な子どもたちと共に授業をつくる中では、授業者1人の努力で先に述べた目的を遂行するのが難しい場合もあろう。そうした場合は、同僚や先輩の教師はもちろん、地域の人々や企業の社員と連携して魅力ある授業づくりを進める、あるいはスクールアドバイザー・カウンセラー、各種の支援者と協力して特別な支援の必要な子どもに対応するといった、教室外・学校外との連携・協力が重要になる。社会科学習は、社会とつながり、社会をつなぐためのものでもあることを、ぜひ想起してほしいと願う。

参考文献

大澤克美『「確かな学力」を育む小学校社会科の授業づくり——これからの学習指導に求められる専門性』東洋館出版社、2008年

■ 編著者紹介 ■

大澤克美（おおさわ・かつみ）————————————●序章、終章

東京学芸大学教育学部教授。小学校社会科教科書の編集・執筆者及び地図帳の著作者。主な著書に、『「確かな学力」を育む小学校社会科の授業づくり――これからの学習指導に求められる専門性』（単著、東洋館出版社、2008年）、『小学校社会科教師の専門性育成〔改訂版〕』（編著、教育出版、2010年）、『中高社会科へのアプローチ――社会科教師の専門性育成〔改訂新版〕』（共編著、東京学芸大学出版会、2010年）、『総合学習・生活科・社会科活動研究ハンドブック』（共編著、教育出版、1998年）、『テキストブック公民教育』（共編著、第一学習社、2013年）、日本社会科教育学会編『社会科教育事典〔新版〕』（分担執筆、ぎょうせい、2012年）ほか多数。

■ 執筆者紹介 ■

荒井正剛（あらい・まさたか）————————————●第12章

　　東京学芸大学附属竹早中学校副校長

石本貞衡（いしもと・さだひら）————————————●第15章

　　東京学芸大学附属世田谷中学校教諭

上野敬弘（うえの・たかひろ）————————————●第7章

　　東京学芸大学附属竹早小学校教諭

内山隆（うちやま・たかし）————————————●第6章

　　北海道教育大学釧路校准教授

川﨑誠司（かわさき・せいじ）————————————●第11章

　　東京学芸大学教授

窪直樹（くぼ・なおき）————————————●第9章

　　練馬区立大泉第六小学校主任教諭

小瑶史朗（こだま・ふみあき）————————————●第3章
　　弘前大学准教授

近藤真（こんどう・まこと）————————————●第8章
　　横浜市立北方小学校教諭

坂井俊樹（さかい・としき）————————————●第2章
　　東京学芸大学教授

重松克也（しげまつ・かつや）————————————●第1章
　　横浜国立大学教授

鈴木隆弘（すずき・たかひろ）————————————●第4章
　　高千穂大学准教授

田﨑義久（たざき・よしひさ）————————————●第13章
　　東京学芸大学附属小金井中学校教諭

田代憲一（たしろ・けんいち）————————————●第14章
　　渋谷区立渋谷本町学園中学校教諭

内藤圭太（ないとう・けいた）————————————●第16章
　　戸田市立戸田中学校教諭

中妻雅彦（なかつま・まさひこ）————————————●第10章
　　愛知教育大学教授

渡部竜也（わたなべ・たつや）————————————●第5章
　　東京学芸大学准教授

（五十音順／敬称略／●は執筆担当箇所）　※現職所属は執筆時

■ 監修者紹介 ■

橋本美保（はしもと・みほ）

1963年生まれ。1990年広島大学大学院教育学研究科博士課程後期中途退学。現在、東京学芸大学教育学部教授、博士（教育学）。専門は教育史、カリキュラム。主な著書に、『明治初期におけるアメリカ教育情報受容の研究』（風間書房、1998年）、『教育から見る日本の社会と歴史』（共著、八千代出版、2008年）、『プロジェクト活動——知と生を結ぶ学び』（共著、東京大学出版会、2012年）、『新しい時代の教育方法』（共著、有斐閣、2012年）、『教育の理念・歴史』（新・教職課程シリーズ、共編著、一藝社、2013年）、ほか多数。一藝社「新・教職課程シリーズ」（全10巻、既刊）を監修。

田中智志（たなか・さとし）

1958年生まれ。1990年早稲田大学大学院文学研究科博士後期課程満期退学。現在、東京大学大学院教育学研究科教授、博士（教育学）。専門は教育思想史、教育臨床学。主な著書に、『キーワード現代の教育学』（共編著、東京大学出版会、2009年）、『社会性概念の構築——アメリカ進歩主義教育の概念史』（単著、東信堂、2009年）、『学びを支える活動へ——存在論の深みから』（編著、東信堂、2010年）、『プロジェクト活動——知と生を結ぶ学び』（共著、東京大学出版会、2012年）、『教育臨床学——「生きる」を学ぶ』（単著、高陵社書店、2012年）『教育の理念・歴史』（新・教職課程シリーズ、共編著、一藝社、2013年）、ほか多数。一藝社「新・教職課程シリーズ」（全10巻、既刊）を監修。

教科教育学シリーズ②
社会科教育

2015年1月31日　初版第1刷発行

　監修者　橋本美保／田中智志
　編著者　大澤克美
　発行者　菊池公男
　発行所　一藝社

〒160-0014　東京都新宿区内藤町1-6
Tel.03-5312-8890　Fax.03-5312-8895
http://www.ichigeisha.co.jp　info@ichigeisha.co.jp
振替　東京00180-5-350802

印刷・製本　シナノ書籍印刷株式会社
ISBN 978-4-86359-080-9 C3037
©2015 Hashimoto Miho, Tanaka Satoshi, Printed in Japan.

定価はカバーに表示されています。落丁・乱丁本はお取り替えいたします。

本書の内容の一部または全部を無断で複写（コピー）することは、
法律で認められた場合を除き著作者及び出版社の権利の侵害になります。

一藝社の本

教科教育学シリーズ［全10巻］

橋本美保・田中智志◆監修

《最新の成果・知見が盛り込まれた、待望の「教科教育」シリーズ！》

※各巻平均210頁

01　国語科教育
千田洋幸・中村和弘◆編著
A5判　並製　定価（本体2,200円＋税）　ISBN 978-4-86359-079-3

02　社会科教育
大澤克美◆編著
A5判　並製　定価（本体2,200円＋税）　ISBN 978-4-86359-080-9

03　算数・数学科教育
藤井斉亮◆編著
A5判　並製　定価（本体2,200円＋税）　ISBN 978-4-86359-081-6

04　理科教育
三石初雄◆編著
A5判　並製　定価（本体2,200円＋税）　ISBN 978-4-86359-082-3

05　音楽科教育
加藤富美子◆編著
A5判　並製　定価（本体2,200円＋税）　ISBN 978-4-86359-083-0

06　体育科教育
松田恵示・鈴木秀人◆編著
A5判　並製　定価（本体2,200円＋税）　ISBN 978-4-86359-084-7

07　家庭科教育
大竹美登利◆編著
A5判　並製　定価（本体2,200円＋税）　ISBN 978-4-86359-085-4

08　図工・美術科教育
増田金吾◆編著
A5判　並製　定価（本体2,200円＋税）　ISBN 978-4-86359-086-1

09　英語科教育
馬場哲生◆編著
A5判　並製　定価（本体2,200円＋税）　ISBN 978-4-86359-087-8

10　技術科教育
坂口謙一◆編著
A5判　並製　定価（本体2,200円＋税）　ISBN 978-4-86359-088-5